公司的盈利能力、发展能力、资产管理水平、现金流量、公司规模、
公司在行业中的地位对并购类型的选择有显著影响。
公司财务状况和经营情况的好坏在很大程度上决定着公司是进行相关并购还是多元化并购。

中国上市公司并购类型的影响因素研究

ZHONGGUO SHANGSHI GONGSI BINGGOU LEIXING DE YINGXIANG YINSU YANJIU

本书在重新界定并购类型的基础上，采用实证研究方法全面、系统地研究了我国上市公司并购类型选择的影响因素以及不同并购类型对上市公司盈利能力和公司价值的影响，并构建了价值链优化视角的企业并购决策框架。

邱丛枝◎著

总　　序

时光荏苒，岁月如梭，河北经贸大学已历经60年岁月的洗礼。回首她的发展历程，深深感受到经贸学人秉承“严谨为师、诚信为人、勤奋为学”的校训，孜孜不倦地致力于书山学海的勤奋作风，而“河北经贸大学学术文库”的出版正是经贸师生对她的历史底蕴和学术精神的总结、传承与发展。为其作序，我感到十分骄傲和欣慰。

60年来特别是改革开放以来的三十多年，河北经贸人抓住发展机遇，拼搏进取，一步一个脚印，学校整体办学水平和社会声誉不断提升，1995年学校成为河北省重点建设的10所骨干大学之一，1998年获得硕士学位授予权，2004年在教育部本科教学工作水平评估中获得优秀，已成为一所以经济学、管理学、法学为主，兼有文学、理学和工学的多学科性财经类大学。

进入新世纪以来，我国社会经济的快速发展，社会各届对高等教育提出了更高的要求，高等教育进入了提升教育质量、注重内涵发展的新时期，不论是从国内还是从国际看，高校间的竞争日趋激烈。面对机遇和挑战，河北经贸人提出了以学科建设为龙头，走内涵发展、特色发展之路，不断提高人才培养质量，不断提升服务社会经济发展的能力和知识创新的能力，把我校建设成高水平大学的奋斗目标和工作思路。

高水平的科研成果是学科建设水平的体现。出版“河北经贸大学学术文库”的主要目的是进一步凝练学科方向、推进学科建设。近年来，我校产业经济学、会计学、经济法学、理论经济学、企业管理、财政学、金融学、行政管理、马克思主义中国化研究等重点学科在各自的学科领域不断进取，积累了丰富的研究成果。收入文库的著作有的是教授们长期研究的结晶，有的则是刚刚完成不久的博士学位论文，其作者有的是在本学科具有较大影响力的知名专家，更多的则是年富力强、立志为学的年轻学者，文库的出版对学科梯队的培养、学科特色的加强将起到非常积极的作用。

感谢人民出版社为“河北经贸大学学术文库”的出版所付出的辛勤劳动，人民出版社在出版界的影响力及其严谨务实的工作作风，与河北经贸大学积极推进学科建设的决心相结合，成就了这样一个平台。我相信，借此平台我们的研究将有更多的机会得到来自社会各界特别是研究同行们的关注和指教，这将成为我们学术生涯中的宝贵财富；我也希望我们河北经贸学人能够抓住机会，保持锲而不舍的钻研精神、追求真理的科学精神、勇于探索的创新精神和忧国忧民的人文精神，在河北经贸大学这块学术土壤中勤于耕耘、善于耕耘，不断结出丰硕的果实。

河北经贸大学校长　纪良纲

·目　　录·

·图表索引·

第一章　导　论

第一节　研究背景与研究视角

一、研究背景

并购是企业寻求扩张的一项战略选择。相比内部发展而言，并购是获取市场、产品、技术、管理技能的迅速而且风险较小的方法。并购能让企业快速地增长，扩大规模。世界500强公司大部分都经历过并购。全球并购的兴起与衰退伴随着世界经济周期高峰与低谷的轮回交替，技术革命和技术创新是重要的推动力量。十九世纪末出现的并购至今已有六次，它们持续的时间段分别为：1897—1904年，1916—1929年，1965—1969年，1984—1989年，1991—2000年和2004—2007年。金融危机以来，并购曾经短暂低迷，但是最近两年并购活动又掀起新的热潮。汤森路透(Thomson Reuters)年终数据显示，"2010年全球并购交易总额达到2.4万亿美元，较2009年增长22.9%，创下2008年以来的年度最高水平，反映出2010年全球并购交易市场正在逐步摆脱危机影响"。而路透社的2011年2月15日的消息表明，"2011以来，全球并购额在这波热潮中增长62%至3770亿美元，为2007年以来的最高水平。不计企业分拆和重组，全球并购总额为2598亿美元，较上年同期增长12.4%。同业之间的战略性收购在这波并购潮中占据很大比例，今年以来接近94%"。2011年2月17日，国际会计和咨询公司安永称，根据其最新调查，“2011 年中国公司拥有加速寻求收购的资金、动力和机会，其并购意愿更为强烈；中国企业在国内和海外并购已蓄势待发，预计在下半年提速。据美国 Thomson Reuters 统计，全球并购自 2009 年 4—6 月后呈恢复趋势，进入 2011 年后更趋活跃，全球将再现并购潮。2011 年 1 月至 2 月第一周，全球并购额达 3096 亿美元，比上年同期增长 69%，为 2000 年 IT 泡沫破裂以来最高值。此次并购潮有如下特点：一、并购金额大。2011 年 1 月至 2 月第一周并购项目的平均金额为 1 亿美元，同比增长一倍；二、资源和原材料行业为主。上次并购潮（IT 泡沫期间）以通信和网络相关行业为主，此次以资源和原材料行业为主。”①

上市公司的并购重组一直是资本市场上的热点，它是资本市场优化配置资源功能的重要体现，是推动上市公司做大做强的重要途径。我国上市公司自从 1993 年深宝安收购延中实业也开始了并购的历程。我国资本市场上的并购活动逐渐活跃，特别是 1997 年以来更是表现出波澜壮阔之势。我国上市公司并购经历了四个发展阶段：第一，1993 年到 1996 年的萌芽阶段。这个阶段并购活动不活跃，法律法规、市场规则和市场监管滞后。第二，1997 年到 2001 年的快速发展阶段。这个阶段上市公司并购不断增多，形成一股浪潮；民营企业成为收购方的主体；并购市场很不规范；投机收购比较多，出现了掏空上市公司的现象。第三，2002 年到 2005 年 5 月的调整和规范阶段。这个阶段并购逐渐规范；实质性资产重组增多，投机性并购减少；并购市场化程度增强；各种重组题材和并购方式多样化。第四，2005 年 5 月至今的创新发展

① 数据资料来源于商务部网站，www.mofcom.gov.cn。

阶段。这个阶段并购数量和规模迅速增大，战略性并购增多；并购方式不断创新；法律法规逐渐完善；政府提供了政策、税收和资金等各方面的支持，推动上市公司进行战略并购和重组。最近几年，上市公司并购又掀起新的热潮。2009 年，中国上市公司并购频繁，被称为“并购年”。普华永道公布的 2009 年企业并购报告显示，“全年并购交易数量达到 3200 宗，交易活动涉及行业领域分布广泛；制造业在交易数量上最活跃，而金融服务业和地产业的交易金额最高。2009 年上市公司并购重组总体数量日趋增多，交易规模日渐加大，创新方式日益丰富，以调整产业结构为目标的并购重组逐步成为主流”。[①] 普华永道的报告指出，“2010 年中国并购交易数量及披露金额均达到历史新高。2010 年并购交易数量达到创纪录的 4251 宗，已披露的交易金额超过 2000 亿美元，较 2009 年分别增长 16%和 27%”。[②] 中国经济的持续强劲增长及行业整合成为并购交易快速增长的重要驱动因素。

并购浪潮对经济的发展产生重大影响。经历了十几年的发展，我国上市公司并购更加活跃和规范，在经济发展和资源配置中起着重大的作用。因此，对并购活动进行研究有重要的现实意义。企业并购行为最常见的分类方法是按照交易各方之间的市场关系，把并购分为横向并购、纵向并购和多元化并购三种基本类型。并购类型的选择反映了企业并购的动因，表明了企业的并购发展战略和目标企业的选择方向，对企业有不同的影响。在六次并购浪潮中每次都以不同的并购类型为主：第一次浪潮中以横向并购为主，占 78.3%；第二次浪潮中以纵向并购为主，

---

① 资料来源：《上海证券报》，2009 年 12 月 16 日。

② 资料来源：《上海证券报》，2011 年 1 月 18 日。

大概占并购总体的85%;第三次浪潮中以多元化并购为主,美国的所有并购中混合并购大约占63%;第四次浪潮中纵向并购较多,横向并购和混合并购方式也存在;第五次浪潮中横向并购和资产剥离活动并存,大量公司剥离无关业务而并购同类型企业;第六次并购浪潮中大型跨国企业之间的横向并购和纵向并购频频出现。由此引发我们思考,为什么每次浪潮中都有不同的并购类型呢?传统的横向并购和纵向并购在最近几次浪潮中又成为主角,为什么企业要做出这种选择呢?不同的并购类型对企业价值的影响相同吗?哪种并购类型会为收购方公司创造更大的价值?影响企业选择并购类型的因素是什么?这正是本书要研究的问题。

国外对并购的研究已经有几十年的历史,国内的研究也随着我国上市公司并购的兴起而增多。对并购的动因和绩效研究取得了丰富的成果,但是尚未得出一致的结论。在研究并购的动因时,多是从并购的绩效推断。虽然不同的并购动因会引起不同的并购绩效,但是影响并购绩效的因素除了并购的动因还有很多,从绩效推断动因的研究方法可能带来研究结论的偏差。因此,有必要理清并购动因与并购绩效的关系。通过大量的阅读和整理文献,本书认为需要选择一个中间变量把并购动因和并购绩效结合起来,这样能更清楚地发现并购动因和绩效的逻辑关系。因为不同的并购动因会让企业做出不同的并购决策,而不同的并购决策会引起不同的并购绩效。因此,并购决策是联系二者的重要变量。并购决策包含许多方面,并购类型的选择是并购决策中最重要的环节,而且最能体现公司的并购动因。因此,本书通过研究并购类型把并购动因和并购绩效结合起来,探寻引起不同的并购类型的动因是什么,不同的并购类型的绩效怎么样。

国内外对不同并购类型的影响因素和绩效也做了相关研究，但是只是限于某些特征对并购类型的影响，以及不同类型的后果。很少有研究把并购类型的影响因素和经济后果联系起来，而且对并购类型的分类也难以反映并购的动因。一般说来，公司并购的动因可以归纳为两类：一类是公司内部发展的客观要求，一类是管理者个人利益的主观需要。这两类动因会引起不同的并购类型的选择，而管理者背景、公司特征和治理结构都将反映出不同的并购动因。从我国上市公司并购发展的历程来看，我国上市公司并购还受到政府的干预和影响，因此，本书从公司和政府干预两个角度研究并购类型的影响因素，在研究中要从管理者、公司特征、公司治理结构、政府干预等多个方面来分析公司并购的动因，探寻影响并购类型决策的因素，以及并购类型决策产生的影响。从国内外文献来看，我们尚未发现系统的相关研究，这正是本书研究的出发点。

二、研究视角

公司并购是一项综合性的决策行为，是公司的高层管理者对公司内部和外部环境分析之后，按照不同的目标做出的选择。并购类型的选择反映了公司并购的动因，是并购决策中重要的内容，对公司发展战略有重大影响。因此，本书将在重新界定并购类型的基础上，全面分析影响并购类型选择的各种因素，主要从管理层背景、公司财务和行业特征、公司治理结构、政府干预四个角度进行分析，从各种因素对并购类型选择的影响进行实证检验。然后，对不同的并购类型对公司盈利能力和价值的影响做出分析。

三、研究意义

1.理论意义

学者们研究了某些财务特征、产业生命周期、企业生命周期、股权性质等对并购类型选择的影响,但是没有从企业的各个层面做出系统研究。并购是一项战略决策行为,需要对公司的情况进行综合考虑。而且,我国上市公司并购受到政府的干预和影响。因此,本书从公司特征、管理者的背景特征、公司治理结构、政府干预四个层面系统地研究了并购类型选择的影响因素。本书的研究丰富了并购领域的研究文献。

对高层管理者的领域研究多集中在管理者特征对公司决策的影响方面。并购作为公司的战略决策,高层管理者的特征对并购决策也将产生重要影响,但是还缺乏相关的研究,本书的研究将对此做出分析和检验。本书的研究丰富了高层管理者的领域文献。

本书研究了公司治理结构对并购类型的影响,提供了公司治理机制对管理层决策的作用方面的实证数据。本书的研究丰富了公司治理方面的研究。

本书从政府干预的角度研究了并购类型的影响因素,提供了政府干预对并购决策的作用的实证数据。本书的研究丰富了政府干预方面的研究。

2.实践意义

通过对我国上市公司并购的实证检验,提供了不同并购类型的各种影响因素以及不同并购类型对收购方价值的影响的实证证据,对我国上市公司并购的发展历程和现状进行分析,总结我国上市公司并购类型选择中的问题和经验,提出了针对性的政策建议,为上市公司和监管者提供参考,对我国的并购实践进行指导。

第二节　研究综述

本节首先对并购的相关研究进行回顾，然后对并购类型的研究进行回顾，在回顾文献的基础上对现有的研究做出评述。在此基础上，提出本书的研究问题。

一、公司并购的研究

对公司并购的研究主要集中在并购的动因以及经济后果上，本书主要从这两个角度总结并购的研究。

（一）并购的动因研究

对并购动因的研究是早期并购研究的重要话题。经济理论提出了并购可能发生的原因：效率相关的原因，包括规模经济或其他协同效应；努力产生更大的市场势力，形成垄断或供不应求的局面；市场规律，接替目标公司不胜任的管理者；收购方公司管理者过度扩张和其他代理成本的自利行为；利用多元化的机会，比如开发内部资本市场和降低管理者带来的风险。每种理论都能从某个角度解释并购行为，各种理论之间并非完全独立，但又不能相互替代，至今尚无法用某个普适的理论来解释所有的并购行为。

Brothers 等（1998）问卷调查研究的结果表明公司的并购动机包括经济动机、战略动机、个人动机。

Jenson（1988）认为公司并购的原因可以总结为：公司控制权市场，也就是不同的管理者团队为争夺公司的资源管理的权力而进行并购；管理者近视和市场近视，管理者是否高估当期现金流低估未来现金流而做出决策，证券市场是否高估当期现金流低估未来现金流；自由现金流理论；债务对获得组织效率的作用。

Carline, Linn 和 Yadav(2007)认为公司并购有三个主要动机。第一个是预期的协同效应或者提高效率来创造价值。这些将引起并购相关的业绩增长。这些动机允许管理层分享创造的价值。第二个是收购方的管理层为了个人利益并购,表现为几种形式:扩张、资产(规模)增长、实物资产多元化。这些选择不一定创造价值,甚至可能损害价值。在这种情况下,管理层公司价值最大化的动机不能支配与公司价值不相关的个人利益最大化的效用。这些个人动机引起的并购引起经营业绩的下降。第三个是收购方公司的管理层过度自信,或者错误、过高估计了并购的经营业绩。管理层的激励可能在事前约定,管理层认为激励契约将实现并购计划引起的个人财富的增加,而没有考虑他们高估了并购的收益。

本书对有代表性的并购动因理论进行总结,并把这些动因理论划分为两大类:新古典主义理论和行为学理论(Harford, 2004)。新古典理论以三个假定为前提:(1)管理者最大化股东的财富。(2)并购能增加股东的财富。(3)资本市场有效。这个假设表明可以用并购宣告日的短期窗口衡量股东财富的影响。而行为学并购动因理论则放松了这三个假设中的一个或者多个假设。

1.新古典主义并购动因理论

新古典主义并购动因理论分为两类:第一,并购对并购公司产生协同效应,提高市场势力。由于所有公司的市场参与都获得协同效应,因此假定并购双方的股东都获得利益。第二,市场公司控制假设。并购是市场对由于能力不足或者代理问题没有最大化其公司价值的管理者的更换方式。

(1)协同效应理论

美国学者安索夫于 20 世纪 60 年代提出的协同效应理论认为,企业并购的动因在于通过并购可以获得协同效应,主要有管理协同效应、经营协同效应和财务协同效应等方面。Jenson 和 Ruback(1983)认为协同效应可以通过规模经济、纵向一体化、更有效的生产或组织技术、管理效用的提高和代理成本的降低来实现。

通过并购,提升效率低的目标企业的效率,也会给整个社会带来福利的增进,这是一种帕累托改进。Lewellen, Loderer 和 Rosenfeld(1985)证明了并购方从并购中获取的收益与并购公司的管理能力成正比。Arrow(1975)认为经营协同效应包括范围经济和规模经济。Mester(1987)定义规模经济是指能以最低的成本生产行业的产出的规模,而范围经济则是在同一个公司内生产两种产品比分别在两个公司生产成本更低。Myers 和 Majluf(1984)的研究认为并购可以给企业带来资金成本的降低。Melicher 和 Hempel(1971)认为多元化并购主要为了获取财务协同效应。

(2)市场势力理论

市场势力理论认为增大公司规模会增强公司的势力。并购的主要动因是为了增加市场势力。横向并购吞并竞争对手,会增强企业的竞争能力,增强企业在同行业中的地位。Comanor(1967)认为纵向并购也能增强市场势力,可以控制产业链中关键的上下游企业,增加产业壁垒,限制其他企业进入。

(3)竞争优势理论

Porter (1980, 1985)提出的竞争优势理论认为,企业可以通过低成本战略、差异化战略和目标集聚战略获取竞争优势。竞争优势来源于价值链的各个环节的优势的积累。并购的动机根源在于竞争的压力,企业通过并购进入新的行业、纵向一体化、横向扩张,从外部获得竞争优势,并形成新的竞争优势。并购方在选择目标企业时正是针对自己所需的目标企业的特定优势。

(4)降低交易成本理论

交易成本理论始于科斯(Coase, 1937),认为企业的存在原因是可以替代市场节约交易成本,企业的最佳规模存在于企业内部的边际组织成本与企业外部的边际交易成本相等时,并购是当企业意识到通过并购可以将企业间的外部交易转变为企业内部行为从而节约交易费用时发生的。交易费用理论可较好地解释纵向并购发生的原因。

2.行为学理论

行为学理论解释并购动因是放松了新古典理论的一个或者三个假设。

(1)市场择时理论

Shleifer 和 Vishny(2003)提出的市场择时理论认为,并购活动是否会发生是由并购方和目标企业的市场价值决定的,当并购方的价值被高估时,它会用股票互换的方式对目标企业实施并购。这样,收购方就能以较低的价格买入目标企业的硬资产(Hard Assets)。即使协同效应被高估,收购方也能获得长期的缓冲效应。根据该理论,现金收购能带来正的长期回报,而股票收购带来负的长期回报。Shleifer 等(2001)认为市场低估理论可以解释 20 世纪 80 年代和 90 年代的多数兼并行为。

(2)过度自信假说

Roll(1986)认为管理层过度自信会引起并购行为,由于管理者过度自信,收购方可能付出过高的代价。Morck 等(1990)研究发现,管理者的自利动机推动了一些损害公司长期价值的并购。Avery 等 (1998) 的研究表明,CEO 会通过收购提高其威望和地位。张敏(2008)研究发现管理者过度自信会更多的进行多元化并购。傅强、方文俊(2008)对我国上市公司 2003—2006 年的研究验证了管理者过度自信会引起并购。

（3）自由现金流量假说

20世纪80年代以来，美国企业并购活动日益高涨。部分是因为放松管制和金融创新，但是有一种现象引人注意，石油、食品、烟草、广播等行业积累了大量现金，但是并没有发放股利，而是进行多元化并购，这些并购的效率十分低下。Jensen（1986）研究后提出了自由现金流量假说。Shleifer 和 Vishny（1989）则认为管理层不会必然的使股东价值最大化，但是控制权的私人利益会使他们进行没有获利的并购。

Jensen（1986）认为，企业产生了大量自由现金流之后，有两种方式处理：一种选择是向股东发放股利，一种选择是扩大投资。第一种选择是在没有合适的投资项目时，向股东发放股利，这种方式可以保护股东的利益，但是减少了经理人可以控制的资源和权力，而一旦有了新项目需要资金，还得通过资本市场融资，这种融资会受到股东和债权人的监管，因此，这种把自由现金流发放给股东的做法不符合经理人的利益。第二种选择是扩大投资，扩大企业规模，这种方式可以增加其控制资源的能力和权力，而且企业规模扩大会引起销售收入的增长，从而增加经理人员的报酬，但是这种投资并不是一种好的投资项目，必然导致企业过度增长超过其最优规模，使企业价值下降，损害股东的利益。面临这两种选择时，经理人员肯定会选择符合自身利益的第二种方式，因此，这种理论可以解释为什么经理人员会进行损害公司价值和股东价值的多元化并购。这些并购活动明显体现了由自由现金流引起的代理成本。自由现金流问题实质上是对于自由现金流这种资源的控制权的争夺。

而对于有大量自由现金流的目标企业，通过并购可以抑制自由现金流的滥用，降低代理成本。或者目标企业进行反收购行为，用自有现金或债务融资回购本公司股票，将过剩的资源还给股东，也可以降低代理成本。但是自由现金流的指标很难度量，传统的自由现金流的定义只有在公司不存在净现值为正的投资项目时才符合。理论界普遍认为托宾 Q 值可以替代。

（4）信息与信号假说

Dodd 和 Ruback（1977）等的研究发现即使并购没有成功，目标企业也会被重新估值。这可能是因为市场认为由于有外界不知道的信息导致企业有被收购的价值。收购传达了一种信号，表示目标公司有某种价值或者未来会有好的发展。

（5）价值低估假说

公司的并购动因主要是因为目标公司的价值低估。一般用托宾 Q 比率和市值账面比率衡量价值是否被低估。威斯通（1998）认为，无效的管理者和内幕消息都可能引起价值低估。

（6）经理主义理论

经理主义理论也称为管理主义理论，Mueller（1969）建立了最全面的多元化并购的管理主义的解释。管理主义理论认为，经理的报酬取决于公司的规模，管理者会为了追求规模扩大而接受投资收益率低的项目，通过多元化并购扩大公司规模来增加收入和提高职业保障程度。Kroll，Simmons 和 Wright（1990）研究发现，并购可以扩大公司规模，即使并购会导致公司业绩恶化，但是规模的扩大可以给管理者带来更高的报酬。Kroll，Wright 和 Theorathom（1993）则认为管理层厌恶风险，并购可以扩大规模降低管理者的报酬风险。经理主义理论反映了管理者和股东之间的代理冲突。

（7）掏空与支持理论

掏空与支持分别反映控股股东两种截然不同的行为方式。其中，掏空是指控股股东侵占上市公司利益的行为，支持是指控股股东向上市公司输送利益的行为。La Porta 等（1999，2000）在实证研究中通过计算控股股东的现金流权和投票权的分离程度，发现这两种权利分离程度对公司价值具有负面影响，进而间接证明了控股股东利用所有权与控制权的分离来侵占小股东利益的事实。Friedman（2003）提出了“支持”这一概念，认为控股股东不仅会实施隧道行为侵占公司利益，也会在公司陷入困境时，利用私人资源对公司提供支持，从而使小股东受益。Bae 等（2002）研究发现，有些并购是控股股东自利性并购，并购的驱动力不是来自经典的并购理论，不是为了追求或不是主要追求协同效应和管理效率的提高，真正的目的在于利益转移和对小股东利益的侵占，即控股股东自利的并购。

（8）并购浪潮理论

Mitchell 和 Mulherin（1996）认为并购发生在浪潮中，并且在并购浪潮中，并购按照行业集中，这些表明并购可能是对产业结构未预期的变化的反应，认为 20 世纪 80 年代目标公司行业聚集。Andrade 和 Stafford（1999）则证实了 1970—1994 年之间收购方的行业聚集。

Andrade，Mitchell 和 Stafford（2001）对 20 世纪 90 年代的并购研究做了总结，认为从 20 世纪 80 年代后期，行业冲击、放松监管成为并购的主要因素，毫不夸张地说 20 世纪 90 年代是放松管制的十年，引起了并购。Shleifer 和 Vishny（2003），Rhodes-Kropf 和 Viswanathan（2004）认为并购浪潮是由股票市场的错误定价引起的。Ang 和 Cheng（2006），Dong 等（2006），Rhodes-Kropf，Robinson 和 Viswanathan（2005）进行的实证检验对此提供了证据。而 Harford（2005）则发现与市场时机相比，行业冲击和资本市场足够的流动性是更重要的引起并购浪潮的因素。

(二)并购的经济后果研究

对企业并购的经济后果的研究主要集中在并购完成后的股东财富和企业效益变化上,本书按照研究方法进行综述。已有研究主要采用事件研究法和会计指标研究方法,近年来又有 EVA、因子分析等其他研究方法。

1.事件研究法

事件研究法是通过公司股票收益率的波动来检验并购事件对证券价格的影响。短期事件研究法主要计算收购后的股价变化带来的超额收益,长期事件研究法计算购买—持有超额收益。

(1)短期事件研究

Jenson 和 Ruback(1983)对 20 世纪 80 年代前并购研究结果做了总结,发现大部分文献都是计算并购宣告的平均收益。这些研究的结果表明并购一般产生了正的收益,目标公司的股东获利,超额收益一般为 15%—30%,收购方没有损失。公司并购产生的收益看起来不是来源于市场势力的创造,也没有发现管理者有损害股东的行为。

Jenson(1988)认为在 1977—1986 年,目标公司从并购中得到的收益总计为 3460 亿美元(按照 1986 年的美元计算),收购方的收益很难估计,至少为 500 亿美元。目标公司股东一般都能获得超额收益,以前为超过 30%,现在为大约 50%;收购方在敌意接管中一般获得 4%的收益,而在合并中几乎为 0,近年来有所下降;接管为双方创造了大约 8%的总价值;并购没有提高行业集中度。

Jarrell, Brickley 和 Netter (1988)回顾了从 20 世纪 80 年度中期到后期的并购研究,质疑实证研究中股东的收益是否都来源于其他股东的损失,但是没有证据证实。他们认为股东的收益必须是通过资源的重新配置得到的现实经济利益。

Jensen 和 Ruback（1983）,Jarrell，Brickley 和 Netter（1988）的回顾都发现并购看起来能对整体的股东创造价值,但是宣告期间目标公司的股东能获得收益。

Jarrell 和 Poulsen（1987）估计了 1962—1985 年之间的 663 起成功的要约收购的溢价,发现 20 世纪 60 年代的平均溢价为 19%，20 世纪 70 年代平均溢价为 35%,1980—1985 年之间平均溢价为 30%。这些估计与 Jensen 和 Ruback（1983）回顾 1980 年之前的 13 项相关研究认为并购目标企业的收益为 16%到 30%之间的结论一致。

Andrade，Mitchell 和 Stafford(2001)对 20 世纪 90 年代的并购研究做了总结,认为从 20 世纪 80 年代后期,行业冲击、放松监管成为并购的主要因素,20 世纪 90 年代是放松管制的十年,引起了并购。

Murshed(2005),Halpern(1973),Mandelker(1974)对目标公司股东的研究发现,在调整了风险和市场波动以后,目标公司股东会得到 15%的超额收益，Franks，Broyles 和 Hecht(1977)则发现有 26%的超额回报。

对收购方,Mandelker(1974)发现了 5%的超额收益,Ellert(1976)发现并购前 7 年有 21%的超额回报,但是这些并不能说是并购带来的,因为其中的大部分(17%)是并购前一年或更多获得的。Franks 等（1977)发现了大约 4%的收益,但是在并购后 9 个月内消除了。Mueller(1977)把收购方没有获得利益作为禁止并购的依据,他认为除非收购方的管理层承诺给收购方带来经济利益才能进行收购。Mandelker(1974)还认为收购方获得的并购收益很小,这就引出了一个问题:是否有必要监管并购。

Westerfield(1970)基于 CAPM 的方法判断多行业并购，比较十个多元化并购与四个共同基金和 NYSE 上市公司的平均水平，表明：多元化并购不能有效分散风险。Joehnk 和 Nielsen(1974)研究了多元化并购对系统风险和公司回报与市场回报的关系的影响，没有发现显著影响。风险估计用了股价数据而不是回报，所以 β 与非系统风险的关系不清晰。Haugen 和 Langetieg(1975)为比较投资者非多元化分散风险，研究了 59 个行业并购，与对照组没有差异，认为任何股东在合适时机投资于两个公司可以获得相同回报。

Toledo(2004)用市场微观结构理论和买卖价差的方法对完成合并的 2510 个银行并购公告进行分析，发现宣告后有更小的价差。州内合并、大银行合并、目标银行股权比例价格低的合并被认为风险较低，价差减少的更多。这说明银行合并降低了并购银行的可理解的风险。

Harford(2003)认为在并购浪潮中发生的并购创造了价值，表明并购浪潮中的并购活动是对行业环境改变的有效的反应。

另外一些研究认为并购带来了竞争优势。Bradley，Desai 和 Kim(1983)证明竞争性竞价的并购的宣告会给失败的对手带来负的股票回报。Akdoǧu(2002)建立了一个目标企业在变化的环境中拥有必需的资源或技术的理论模型，因此，给成功的收购方一个竞争优势。Molnar(2000)建立了一个超前理论，认为任何收购方的潜在的过多支付的理由将是合理的，因为二者选一的状态将带来更差的回报。

国内也有不少研究用短期事件研究方法。陈信元和张田余(1999)研究了股价对并购信息的反应，发现并购企业的超额收益不明显。万朝龄(2000)的研究发现市场对并购存在提前反应和过度反应。余光和杨荣(2000)的研究发现收购方企业的价值基本不变,目标企业的价值增加。张新(2003)等发现了我国上市公司并购对收购方的负面影响。而李善民和陈玉罡(2002)研究发现政府介入并购降低了收购成本,使得收购公司的股东财富显著增加,而目标公司股东财富变化不显著。朱滔(2006)也发现收购公司有显著的累积超常收益。黄兴孪(2009)研究发现了我国上市公司并购会引起市场提前反应和对多元化并购的过度反应。

短期事件研究的方法得到的结论大体上是目标企业股东价值增加,而收购方公司股东价值减少或者为零(Jensen and Ruback, 1983; Andrade, Mitchell and Stafford, 2001),当然也有研究认为收购方公司价值增加。但是由于信息不对称,短期事件研究可能增大对并购绩效评价的误差。

(2)长期事件研究

事件期限的增长会增加对并购事件的有效性的判断,所以,许多学者对并购进行了中长期的事件研究。

Dodd 和 Ruback(1977)的研究发现 20 世纪 70 年代的要约收购中,收购双方都能获得超额收益率,但是目标公司的超额收益大于收购方。Loughran 和 Vijh (1997)分别计算 1970—1989 年期间收购方用股票融资和现金支付的长期超额收益,发现并购后 5 年,用股票融资的收购方的超额收益为-24.2%,而现金收购的超额收益为 18.5%。Agrawal 和 Jaffe(2000)对长期绩效研究的综述发现,从 1941 年到 1993 年,事件期从 6 个月到 6 年,兼并的长期超额收益为负数,要约收购则超额收益是零或者正数。Mocner 等(2003)的研究发现公司规模与并购的长期绩效负相关。

另一类长期绩效研究是基于账面市价比率的长期超额收益研究。有高的账面—市值比的公司常被认为是价值型公司,一般认为会有较高的股票收益。有低的账面—市值比的公司被认为是成长型公司，一般有较低的股票收益。关于这些发现有不同的解释，Fama 和 French（1992，1993）认为价值型公司相对较高的收益是风险带来的；Lakonishok，Shleifer 和 Vishny（1994）则认为价值型公司和成长型公司股票收益不同，是因为投资者由过去的业绩错误的推算预期业绩。Rau 和 Vermaelen（1998）的研究发现不同的收购方的超额收益也不同，成长型的公司超额收益为负，价值型公司的超额收益为正。

在国内，余力和刘英（2004）采用长期事件研究法，分析了1999 年发生的并购和重组的绩效，发现并购重组对收购方公司带来收益较小，而目标企业累计超额收益为 24.5%。李增泉等（2005）以 1998—2001 年间的样本研究，发现累计超额收益与并购动机密切相关，掏空性并购累积超额收益为负，支持性并购为正。朱红军和汪辉（2005）的研究证实，5 年后目标公司得到了长期超额收益。朱滔（2006）、李善民和朱滔（2006）、赖步连等（2006）的研究则发现收购方股东长期绩效为负。

但是长期的事件研究方法受到一些学者质疑，他们认为长期事件研究法的估计点和统计上的显著性都存在问题。（Barber and Lyon，1997；Kothari and Warner，1997；Fama，1998；Mitchell and Stafford，2000；Brav，2000）。但是 Mitchell and Stafford（2000）认为长期超额收益的估计是稳健的。

2.财务指标研究法

财务指标研究法中有的采用单一的综合指标，如 Tobin Q（Lang et al.，1989；Servaes，1991），经营现金流、资产市价比（James and Robert，1999），经营现金流（Aloke，2001）等。有的采用指标体系，如经营销售比和经营收入资产市价比（Randall and Eric，

2002)，税后成本节约现值和收入增加现值(Joel，Christopher and Michael，2001)、资产收益率和市场回报(John，1985)等。

经营业绩的研究努力识别并购利益的来源，而且研究宣告日的预期的收益是否能实现。如果并购确实给股东创造了价值，则收益在公司的现金流中必然有所反应。这些研究主要关注获利能力的会计方法，比如 ROA 和经营边际。Ravenscraft 和 Scherer (1989)研究了 1975—1977 年之间目标公司的获利能力，发现并购之后目标公司的产品线的获利能力受损，所以并购破坏了价值创造。这与一般的股票市场反应的研究结论直接冲突。

Healy，Palepu 和 Ruback (1992)研究了 1979—1984 年间 50 个最大的并购完成后的经营业绩，用并购后形成的联合公司与行业的中位数比较。他们发现，被并购的公司资产生产能力的提高引起现金流比同行业高。而有趣的是，他们的结果表明其实目标公司的经营现金流比并购前下降，但是同行业的其他公司下降的更多，因此，目标公司的并购后的经营现金流相对比同行业高。

Mcguckin 和 Nguyen (1995)，Schoar (2000)发现目标公司生产能力提高，而收购方生产能力下降，因此，并购公司的净收益变化为 0。Leland (2007) 研究了分立和合并的纯粹的财务协同效应，发现财务协同的大小取决于税率、违约成本、相对规模、现金流的风险和相关性。与现在的共识相反，如果公司有非常不同的风险和违约成本，并购的协同效应为负的。这个结果为结构融资技术比如资产证券化和项目财务提供了基本理论。

国内学者大都采用综合指标体系，如原红旗、陈信元(1998)使用每股盈余、资产负债率、净资产收益率和投资收益占利润的比例四个指标；万朝龄(2000)选择主营业务和利润增长率以及净资产收益率等指标发现重组公司的经营业绩并没有显著提高。冯根福和吴林江(2001)、吴育平(2002)都选用每股收益、总资产周转率、净资产收益率和总资产收益率来研究并购绩效。朱宝宪、王怡凯(2002)以净资产收益率(NROA)和主业收益率(CROA)为指标。邱甜(2007)分别用单一指标和八个财务指标进行主因子分析。宋献中和周昌仕(2007)选择表示盈利能力的四个指标进行主成分分析,发现不同的并购类型超额收益不同。

3.其他研究方法

近年来,还有学者采用EVA、因子分析、数据包络分析、案例研究等方法研究了并购的经济后果。

黄晓楠,瞿宝忠,丁平(2007)构建了基于经济增加值EVA的企业并购定价改进模型。袁园怡(2008)计算了并购方企业在并购前一年、并购当年及并购后三年的EVA,对其并购绩效进行了实证研究,发现并购没有提升上市公司的价值。屠澄(2008)用EVA体系分析了不同并购类型的绩效,发现并购行为有助于提高上市公司绩效,并购之后EVA逐年提高;不同并购类型的并购绩效不同,横向并购公司EVA逐年提高,而纵向并购和混合并购的EVA先降后升,但是其样本公司只有37家,样本量太小。周小春、李善民(2008)用EVA代表并购为公司创造的价值,发现支付方式、收购比例、资源整合程度有利于提高EVA,员工抵制程度降低了EVA。

李心丹等(2003)用数据包络分析方法(DEA)来评价并购绩效,发现并购提高了公司的管理效率,而且逐年提高。程晓伟(2007)采用数据包络分析法和因子分析法结合对并购绩效进行研究,发现不同的并购类型有不同的并购绩效。

王海(2007)研究了联想并购IBM案例,从资本市场和财务指标角度分析了其海外并购的经济后果,发现联想并购成败目前尚无最终定论。王诚志(2008)研究了TCL海外并购的绩效和风险,发现TCL并购汤姆逊是失败的。

(三)公司并购的研究述评

从以上的文献回顾可以看出,对公司并购的理论和实证研究成果很丰富,从并购动因和经济后果两个角度进行了大量研究,但是研究结论并不一致。

1.通过文献回顾,我们可以发现这些动因理论都可以解释一些并购行为,但是没有一种理论能解释所有的并购活动。新古典主义的并购动因主要从公司发展的内在需要出发研究并购的动因,行为学的动因理论主要从管理层的利益需要角度解释并购的动因。归结起来,西方公司并购的动因无非就是公司发展的内在需要和管理层的利益需要两类。我国上市公司并购则受到政府干预的影响。而且,我们发现,对并购动因的实证研究主要是通过并购带来的价值影响来推断并购的动因。并购的动因虽然最终体现在并购的价值上,但是并不是一种直接的体现,并购的价值不仅受到并购动因的影响,还受到并购整合的影响。因此,从并购价值推断并购动因可能有偏差。

2.并购的绩效的文献研究很丰富,采用多种方法和指标实证检验了并购的经济后果,并购对收购方和目标企业的股东的影响不一致。大部分研究认为并购损害了收购方股东的利益,增加了目标公司股东的财富,但是也有研究认为并购增加了收购方股东的利益。

二、公司并购类型的研究

美国联邦交易委员会(The Federal Trade Commission(FTC))把并购类型分为三类:(1)横向并购(Horizontal Mergers),(2)纵向

并购(Vertical Mergers),(3)多元化并购(Conglomerate Mergers)。多元化并购进一步划分为三类:产品扩展并购(Product Extension Mergers)、市场扩展并购(Market Extension Mergers)和纯粹的多元化(Pure Conglomerate)。随着新技术的发展,并购的定义应该改变(Chan-Olmsted,1998;Whalen and Litman,1997)。

Chan-Olmsted(1998)界定了四种并购类型,研究了它们的后果。第一种类型是横向并购,指并购同一生产阶段的企业,横向并购的潜在收益是规模经济和市场势力的增强。第二种类型是纵向并购,指有供应商和顾客关系的企业之间的并购,这种并购可以获取重要的资源或分销渠道,控制产品技术。纵向并购常常引起显著的经济效益。而且纵向并购常常产生较高的行业进入障碍。第三种类型是同心多元化(Concentric Integration),也就是收购方和目标公司在基础技术、生产过程或市场上相关。这种并购是公司扩展了商业线或者去一个新的技术相关的市场。Whalen 和 Litman(1997)也认为同心多元化基于同心技术,也就是收购方用相同的技术为不同的消费者类型服务;同心多元化也可能基于同心市场,即收购方用不同的技术来提供相同类型的产品或服务。第四种类型为多元化(Conglomerate Diversification),包括纯粹的多元化,产品扩展和市场扩展。纯粹的多元化为了增强没有任何相关资源技术和产品市场关系的公司资产的稳定和平衡。这种并购强调目标公司的吸引力(包括获利能力和市场增长)。这种观点最著名的是波士顿咨询公司(Boston Consulting Group,简称 BCG)提出的产品/市场投资组合模型(Product/Market-Portfolio Model)(Salter and Weinhold,1979)。BCG 模型的战略之一就是通过并购从低增长的和低现金流的市场进入高增长的、高的利润增长的市场。而产品扩展并购和市场扩展并购,前者是对现存的生产线增加互补的产品,后者是不同的地理位置的市场扩展(Clark,1985)。对公司并购类型的研究可以归纳为两类,不同并购类型的经济后果的研究和影响因素研究。

(一)不同并购类型的影响因素研究

横向并购通常产生于公司并购一个行业竞争者以增强其市场势力,市场势力来源于市场份额。然而,Gaughan(1999)认为市场势力的增强不一定是确认公司定价能力的必要条件,他认为市场势力有三个来源:产品差异化、进入障碍、市场份额,横向并购只能带来市场份额的增加。Eckbo(1983)区分了横向并购的两种可能的利益:第一种类型是利润方面的影响,基于扩大公司的规模,公司可以获得由其定价能力提高产生的“共谋”租金。第二种类型是由成本方面的影响,也就是生产效率的提高。

纵向并购的动机与横向并购不同,纵向并购可以通过前向并购和后向并购来实现。引起后向并购的原因可能有以下方面:首先,公司可以寻找可靠的供应来源,如果原料供应充满不确定性,纵向并购的可能性增加;其次,公司通过纵向并购获取稀缺的资源;再次,降低交易成本,寻找新的供应商的成本,重新谈判的契约成本和与现存供应商维持关系的成本。引起前向并购的原因是公司控制最终的消费者的需要。纵向并购的理论研究很丰富,Perry(1989)的文献综述,认为纵向并购的动因有“(1)降低交易成本(Coase,1937);(2)消除与市场交易中资产特殊性和不确定性联系的持有成本(Williamson,1971,1975,1979; Klein, Crawford and Alchian,1978;Grossman and Hart, 1986; Hart and Moore,1990);(3)价格控制(Stigler,1951);(4)风险厌恶(Blair and Kaserman,1978);(5)价格刚性(Carlton, 1979);(6)市场势力。”

支持多元化的观点认为多元化可以做到:第一,给投资者持有多元化的股票的机会,类似于投资者的投资组合。第二,降低了现金流的波动性来降低公司信息不对称的风险。第三,有更大的潜在杠杆收益,而提高杠杆则可以获得更好的收益(Lewellen,1971)。第四,公司面临增长缓慢、高度竞争或过度监管的环境时可以扩张到不同的市场。而反对多元化的论点,如Jensen(1988)则强调了管理层持有高水平的自由现金流的危险和产生的代理问题。林晓辉、吴世农(2008)的研究表明多元化是管理层或控股股东为了谋取私利而进行的。

Melicher和Hempel(1971)研究了是否多元化、横向、纵向并购中财务及相关特征有显著不同。一般认为更传统的并购形式(横向和纵向)更可能产生经营协同效应,就像产品经济或市场经济。而财务协同,例如价格—获利倍数或者财务杠杆的比例,更常与多元化并购联系起来。他们的研究发现财务特征可以区分为引起经营协同或者财务协同而进行的不同类型的并购。

于铁铭等(2004)、张波(2006)、刘笑萍等(2009)、李善民等(2009)从行业生命周期、产业周期、行业性质等方面研究了不同并购类型的影响因素。

(二)不同并购类型的经济后果的研究

1.对不同的并购类型的经济后果进行比较的研究

Lubatkin(1983),Chatterjee和Lubatkin(1990),Seth(1990)认为市场势力是由横向并购引起的,是与相关并购联系在一起的,认为市场势力造成了不相关并购产生的业绩小于相关并购。

Elgers和Clark(1980)把并购分为多元化并购和非多元化并购(横向和纵向),采用1957—1975年间联邦交易委员会的并购数据,研究了并购类型和股票回报之间的关系,发现:(1)与以往的研究结论相同,收购之前收购方获利较少,而目标企业获利较大。相比而言,多元化并购比非多元化并购带来更大的财富影响。(2)与以前研究结论不同,不同的并购类型有不同的风险影响,包括系统的和非系统的风险。(3)多元化并购与其他类型并购类似,偿债能力动机不能把多元化与其他并购类型分开。(4)多元化并购进行产品扩展和市场扩展的类型与其他多元化在财富影响和风险影响上都不同。这个发现表明应该对以前的多元化和非多元化的划分比较并购回报的研究结果重新考虑。

Wansley,Lane 和 Yang(1983)研究了不同并购类型和支付方式产生的目标公司的超额收益,把并购分为非多元化、纯粹多元化、其他多元化三类,支付方式分为现金、证券、联合三种。文章检验了不同并购类型和支付方式在并购宣告日附近的超额收益有没有系统的差异。与预期相反,发现纯粹的多元化并购中目标公司的收益比横向或纵向并购稍微大一些,但统计上不显著。而支付方式不同,超额收益也有差异,现金支付的超额收益约为证券交易的两倍。

Mantravadi 和 Reddy(2008)研究了 1991—2003 年之间的不同并购类型对收购方公司和目标公司的经营业绩的影响,发现不同的并购类型对经营业绩的影响变化较小。

范从来和袁静(2002)对我国上市公司 1995—1999 年之间 336 次并购事件分析,发现公司处于成长性行业、成熟性行业和衰退性行业,影响着不同并购类型的并购绩效。李善民和朱滔(2006)以 1998—2002 年 251 起多元化并购事件为样本,发现多元化并购公司股东在并购后 1—3 年内财富损失达到 6.5%—9.6%。程晓伟(2007)用数据包络分析法(DEA)和因子分析法研究 1998—2002 年间三种不同并购类型的效应,发现不同并购类型中都有保壳、圈钱、政府干预等目的进行的并购,上市公司并购后综合业绩并没有得到改善。宋献中和周昌仕(2007)选择表示盈利能力的四个指标主成分分析,发现不同的并购类型超额收益不同。秦楠(2007)用2003—2006年的样本,用主成分分析方法进行实证检验,发现横向并购绩效较好,混合并购的结果波动较大,纵向并购的效果最差。周昌仕(2008)发现在政府控制下,多元化并购绩效优于同业并购。屠澄(2008)用EVA体系分析了不同并购类型的绩效,发现横向并购绩效比较好,纵向并购和混合并购带来的绩效则先下降后上升。

2.横向并购的经济后果的研究

横向并购带来的最主要的好处在于减少竞争和剩下的竞争者的共谋(Porter,1985;Stigler,1964)。

Eckbo(1983)分析了横向并购对股东的财富的影响,他认为这些并购的影响取决于其基础假设的类型,即共谋或者生产效率假设。如果这些并购引起共谋租金,则当交易公开时,金融市场将基于对较高的现金流的预期做出反应,提高并购机构的股票价格。而且,竞争者也将随市场集中度的提高而受益,因此,竞争者的股票价格也在交易公开时提高。而如果政府对该并购有质疑,则政府的质疑宣告将引起股东的财富损失。而针对生产效率假设,Eckbo(1983)认为对竞争对手的股价影响不能确定。公司越有效率,则并购后能够降低其生产成本成为更强有力的竞争者,将对竞争对手产生不利的影响。另外,宣告的信息影响则对股票价值有正的影响,因为这样将向竞争对手发送生产效率可以有提高的空间的信号。Eckbo(1983)的研究没有支持共谋假设。Stillman(1983)也得到了类似的结论。

Kim和Singal(1993)研究了行业水平的市场势力和横向并购,研究了1985—1988年之间的航空公司的并购,结果与以前的研究不一致，他们发现这些并购造成价格上升，与市场势力增强有关。

在战略管理领域，对横向并购的解释有价值有最大化理论和管理理论这两种（Seth，1990）。

Lubatkin 等（2001）把生态学、战略管理和行业组织理论结合来考察横向并购的业绩，假设公司从横向并购中获利的能力不同，用食品制造业的三大并购的产品线的数据得出结论：公司的影响很重要，横向并购中涉及的某些产品比并购前能够获得并保持超过行业和人口所能解释的业绩的提升。

Capron（1999）研究了横向并购的长期绩效，考察了并购后资产剥离和资源重新配置对长期绩效的影响。通过对 1988—1992 年间 253 家美国和欧洲制造业并购公司经理的详细调查，从成本效率和资源理论转向提出资产剥离和资源重新配置对长期并购业绩的影响的模型。研究结果表明资产剥离和资源重新配置对提高业绩有效，而当被剥离的资产和重新配置的资源是那些有助于公司目标的资产时会存在损失业绩的风险。

Clougherty 和 Duso（2009）则从没有参与横向并购的竞争对手获得的利益的角度进行研究，认为：对大的横向并购，没有参与并购的竞争对手有利益。运用专家识别的并购样本和事件研究方法，发现竞争对手一般在并购宣告日有正的超额回报；竞争对手对并购事件的股票反应对并购浪潮不敏感。因此，未来的并购获利能力不能产生竞争对手的正的超额收益。而且，研究考虑了并购的异质性和竞争对手的特征时，竞争对手有正的超额收益而且比较稳健。

3.纵向并购的经济后果的研究

Williamson（1974），Klein 等（1978），Perry（1989），Katz

(1989) 等认为纵向并购通过降低市场交易的成本创造效率。Greenhut 和 Ohta(1979)认为,在双赢情况下,纵向并购能使整合公司提高产出、价格、利润,以提高经济效率。

Buzzell(1983),Porter(1985)则认为纵向并购可以降低风险;Porter(1985), Perry(1989)认为纵向并购可以让被整合的公司创新和实现差异化。Porter(1985)还认为纵向并购可以提高信息交换和组织结构的效率。纵向并购可以提高公司的市场地位。

McBride(1983)发现纵向并购与并购完成的市场价格负相关。Ghemawat 和 Caves (1986)认为纵向并购对被整合的公司设置了退出障碍,从而有提升市场价格的影响。Martin(1986)发现纵向并购对获利能力的影响是不明确的。

Salinger(1988)用模型解释了寡头、纵向一体化、非一体化同时存在时,纵向并购的三个影响:第一,收购方提高了最终产品的产出。第二,面对非一体化最终产品的剩余要求,曲线因此发生了逆向转嫁,降低了对一体化产出的需求。第三,目标公司从中间产品市场退出,集中化使中间产品价格上升。哪种影响起作用取决于市场结构。在一些情况下,纵向并购使最终产品价格上升。

Bhuyan(2002)认为,用美国食品行业的样本,研究了纵向并购对获利能力的影响。结果发现纵向并购对获利能力有负面影响。这可能是因为纵向并购对被整合公司不能产生成本节约这种差异化的优势。

Mizuno(2009)认为,如果上下游特别不集中,则下游的小企业合并会产生正的效应。上游的集中度下降,使并购在上游的效应较少,直至为负。

Fan 和 Goyal(2006)把并购分为纵向相关、纯粹的纵向、纯粹的横向、纵向和横向混合、多元化,用行业商品流来识别纵向并购。

如果一家公司用另一家的产品和服务作为投入,生产自己的产品或者可以提供给别人产出,则界定为纵向并购。研究发现1962—1996年之间的并购,纵向并购有三分之一;1980—1990年之间纵向并购比较集中。纵向并购产生的正的财富效应显著大于多元化并购,与纯粹的横向并购差不多。

4.多元化并购的经济后果的研究

对多元化并购产生的经济后果,用1980年之前的数据发现多元化并购和股东财富之间正相关,而之后的数据则结论相反。

Westerfield(1970)基于CAPM的方法判断多行业并购,比较十个多元化并购与四个共同基金和NYSE上市公司的平均水平,研究发现多元化并购不能有效分散风险。Joehnk和Nielsen(1974)研究了多元化并购对系统风险和公司回报与市场回报的关系的影响,没有发现显著影响,其中风险估计用了股价数据而不是收益,所以β与非系统风险的关系不清晰。Haugen和Langetieg(1975)为比较投资者非多元化分散风险,研究了59个行业内并购,与对照组没有差异,认为任何股东在合适时机投资于两个公司可以获得相同回报。

Lewellen(1971)认为并购没有协同效应的不相关的企业的活动,本质上没有价值提升,但是有共同保险的影响,并购降低了违约风险,因此提高了偿债能力。因此推论较高的偿债能力引起更大的最优杠杆、税收节约、价值增加。Stapleton(1982)也认为并购对整体公司价值有正的影响。

Elgers和Clark(1980)发现多元化并购公司比没有多元化的公司产生了更高的股票收益,包括收购方和目标企业。Wansley等(1983)发现纯粹的多元化的收购方的股东得到了一个较大的,但是不显著的股票回报。

Schipper 和 Thompson(1983)发现多元化并购公司经常从事一些执行几年的并购的项目。他们认为如果一个并购项目对公司价值有利,则这个项目宣告时就会产生正的股票收益,也就是未来现金流的资本化。他们还推论如果市场现实接受这些项目会提高价值,则20世纪60年代末期的监管将对这些并购项目的股东产生负面影响。他们的研究结果表明股票市场的确产生了并购宣告的正的显著的反应。1967—1970年之间的特定的机构变动的确对多元化的股东有显著的负面影响。更进一步,Asquith 等(1983)发现并购项目的确有正的超额收益。然而,与 Schipper 和 Thompson(1983)相反,这些收益没有在宣告日资本化,而是随着项目的进行而出现。

Morck 等(1990)发现多元化的公司股东收到负面影响,增长下降,而且,坏的管理者也是坏的并购者,不好的业绩促使他们并购,但并购并没有带来增长。

Comment 和 Jarrell(1995)也发现,多元化并购公司并没有获得促使他们并购的效率。而随着多元化并购债务并没有系统的增长,而且多元化对外部资本市场的交易的依赖性也没有降低。

Berger 和 Ofek(1995)比较了样本公司的估计的市场价值与现实的市场价值,发现多元化公司的价值比单个公司的集合要少,估计在1986—1991年之间有13%—15%的多元化的价值损失。

(三)并购类型研究的评价

1.不同的并购类型产生了不同的经济后果,多元化和传统的横向并购和纵向并购相比,可能带来的并购价值更多、更少,或者不确定。这可能因为他们研究的多元化除了包含纯粹的无关多元化以外,还包括产品扩展的多元化和地域扩展的多元化,这两种多元化也能带来规模效应和范围效应,也能带来协同效应,与横向并购和纵向并购没有实质的区别。因此,要是把产品扩展多元化和市场扩展多元化与纯粹多元化放在一类,与横向并购、纵向并购比较,则容易带来结果的偏差。因此,本书将重新界定并购类型,把产品扩展多元化和市场扩展多元化从多元化中分离出来,分别划归横向并购和纵向并购,多元化中仅留下纯粹多元化。

2.不同的并购类型的影响因素研究相对较少,国内也缺乏相关研究。因为不同的并购类型是由不同的并购动因引起的,要全面研究并购类型的影响因素,就要涉及多种并购动因的共同作用,有时候难以区别并购到底是哪种原因引起的。本书将在以往研究的基础上,系统全面地研究并购类型的影响因素。

三、对现有研究的简要评价

通过以上对现有研究的回顾,我们可以得到以下启示:

1.从现有文献来看,对并购动因和并购绩效有大量的研究,得出的研究结果也不一致。对并购动因的研究多是通过对并购实现的价值的实证检验来推断其并购动因,并购的绩效除了受到并购动因的影响,还会受到多种因素的影响。因此,从并购绩效推断并购动因可能会引起研究结论的偏差。归纳起来,一般的公司并购的动因无非就是公司发展的内在客观需要和管理层的利益主观需要两类。这两种动因引起的并购会对公司产生不同的影响。但是我们没有办法直接判断并购活动到底是由哪种原因引起的,我们只能通过发生的并购活动以及引起的后果推断其动因。因此,从并购决策的特征我们可以推断公司的并购动因。并购类型的选择是并购决策中重要的环节。一般说来,横向并购和纵向并购是由公司内在发展引起的,而无关多元化并购则是管理层的利益引起的。而我国上市公司并购还受到政府干预的影响，因此，我们将从管理层背景、公司特征和治理特征、政府干预几个角度对并购类型的选择进行实证检验，分析哪些因素对并购类型的选择有显著影响。然后再对不同并购类型的绩效进行检验，检验不同的并购类型能否产生不同的经济后果。这样，可能对并购动因和经济后果的分析更为可靠。

2. 管理者是并购决策的制定者，对并购类型的选择起着关键的作用，但是对并购类型的现有研究并没有考虑管理者的影响。因此，本书将完善并购类型的影响因素的研究，结合对高层管理者的相关研究，研究管理者的背景特征对并购类型选择的影响。

3.不同的并购类型的影响因素研究相对较少，国内也缺乏相关研究。因为不同的并购类型是由不同的并购动因引起的，要全面研究并购类型的影响因素，就要涉及多种并购动因的共同作用。现有研究仅从某些特征出发分析了不同并购类型是否存在显著差异，缺乏系统的研究。本书将全面分析并检验并购类型的影响因素，从公司特征、管理者背景、治理结构、政府干预四个层面出发研究其对并购类型的影响。

4.不同的并购类型产生了不同的经济后果，但是研究结论也不统一，认为多元化和传统的横向并购和纵向并购相比，有的研究认为可能带来的并购价值更多，有的认为更少，而有的认为不确定。相关并购和多元化并购的概念的界定会影响研究结果。本书将在重新界定并购类型的基础上研究不同的并购类型对收购方的价值和盈利能力的影响。

第三节　研究目标与研究思路

一、研究目标

立足于我国特定的制度环境，本书拟从公司特征、管理者背景、治理结构、政府干预四个角度系统地研究不同的并购类型的影响因素，然后研究不同的并购类型对公司盈利能力和价值的影响，以丰富相关的理论研究。在总结实证检验结论的基础上，探寻上市公司并购类型选择中存在的问题，提出针对性的政策建议。

二、研究思路

本书的研究基于图1—1所示的路径。研究的逻辑是：公司特征、管理层的背景特征、公司治理结构、政府干预→并购动因→并购类型→并购绩效。公司特征、管理层的背景特征、公司治理结构、政府干预程度不同，会引起不同的并购动因，因而选择不同的并购类型，不同的并购类型引起的并购绩效也有差异。在政府干预和公司董事会、监事会的监管下，管理层根据公司的不同特征和内外环境做出综合分析，根据公司的发展战略和公司的具体情况，结合管理者利益和股东利益，做出并购决策，选择不同的并购类型，获得的并购绩效也不同。

以往的研究提出了多种理论解释并购动因，在文献回顾中我们总结了这些理论。这些动因理论都可以解释一些并购行为，但是没有一种理论能解释所有的并购活动。归结起来，公司本身并购的动因无非就是公司发展的内在需要和管理层的利益需要两类。这两种动因引起的并购会对公司产生不同的影响。但是我们

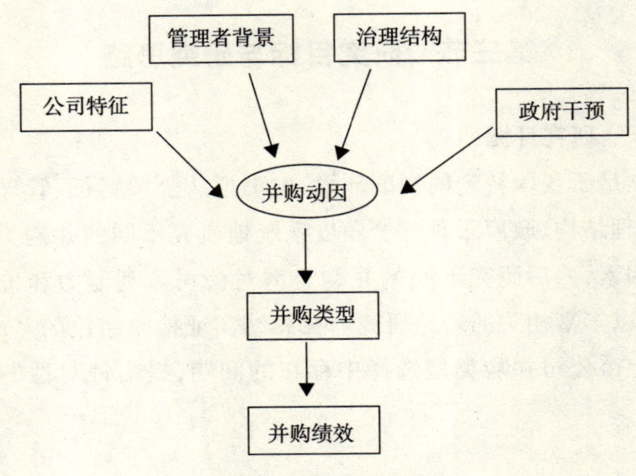

图 1—1　研究思路图

没有办法直接判断并购活动到底是由哪种原因引起的，我们只能通过发生的并购活动以及引起的后果推断其动因。从经济后果推断并购动因中间环节过多，可能造成结果的偏差。而并购动因直接影响并购决策，因此，从并购决策的特征我们可以推断公司的并购动因。并购类型是并购决策中重要的环节，可以比较清楚地反映出并购的动因。一般说来，横向并购和纵向并购是由公司内在发展引起的，而无关多元化并购则是管理层的利益引起的，而政府干预作为外部公司治理因素对公司并购决策也产生影响。因此，我们从管理层背景、公司特征、治理结构、政府干预几个角度对并购类型的选择进行实证检验，分析哪些因素对并购类型的选择有显著影响，然后再对不同并购类型的绩效进行检验，检验不同的并购类型能否产生不同的经济后果。

第四节　研究内容与框架

本书共分为九章,分为三个部分。文章框架如图 1—2 结构框架图所示:

第一、二章是第一部分,属于导入篇。第一章阐述本书的研究背景、研究目的和意义、研究方法、结构和研究样本,并包括文献综述,对相关的文献进行回顾与评价,阐述相应的理论基础,提出研究的问题。第二章是制度背景和理论分析,对我国上市公司并购的历程和相关法律法规进行总结和归纳,并对我国上市公司并购的动因进行分析,然后分析并购类型和并购动因之间的关系。

第三、四、五、六、七章是第二部分,属于实证部分,以我国上市公司数据为基础,重新界定并购类型,划分为相关并购、无关并购(多元化)两种类型,从公司特征、管理者背景特征、治理结构三个层面研究并购类型的影响因素,然后检验不同的并购类型对企业价值的影响是否相同。第三章研究公司特征对并购类型的影响因素。公司特征包括财务指标和公司占行业百分比指标。第四章研究管理者背景对并购类型的影响。第五章研究公司治理结构对并购类型的影响。第六章研究政府干预对并购类型的影响。第七章是并购类型对企业价值的影响的实证研究。

第八、九章是第三部分。第八章在实证研究的基础上构建了价值链优化视角的并购类型决策框架。第九章是结论和建议部分,是对全书的总结,并提出政策性建议。在总结全书的研究发现的基础上,指出本书的局限及将来的研究方向。

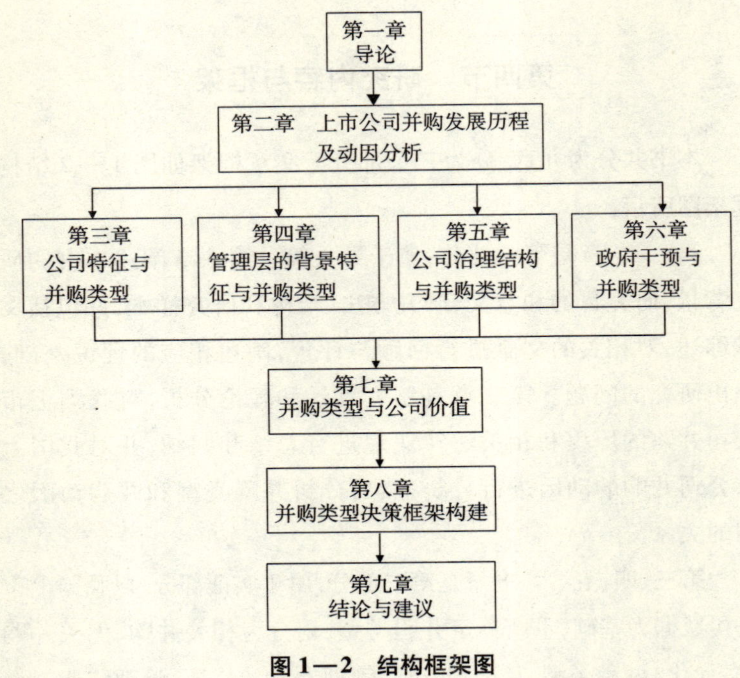

图1—2　结构框架图

第五节　概念界定

一、并购

从广义上看,并购包括兼并、收购、合并、接管等。

兼并有合并、结合几种说法,指一个公司将另一个公司并入的行为,被并入的公司失去独立的法人地位,与我国的吸收合并含义相同。

合并是指公司合并后共同成立一家新的公司,原来的公司在合并后都不再存在,与我国的新设合并含义一致。

收购是指收购公司通过发出收购要约,购买某目标公司的部分或全部股票或资产，以控制该目标公司的一种商业行为。

接管是指收购者通过取得某企业的足够股份或资产而兼并该企业。包括兼并和收购，威斯通（1998）认为兼并和收购是接管的两种形式。

并购一般包含收购、兼并和合并。我国的并购与国外研究中通用的"Merger & Acquisition"还有一定差别，往往与重组一起应用，称为"并购重组"，包含了兼并、收购、债务重组、资产置换、股权转让、吸收合并等多方面的内容。本书所说的并购，仅仅包括兼并和收购。

二、并购类型

国外研究中把并购类型一般用 Merger Types（Elgers and Clark，1980）和 Type of Acquisition（Wansley，Lane and Yang，1983）表示。虽然对并购有多种分类的方法，但是最基本的分类是按照并购双方的产业关系，把并购分为横向并购、纵向并购和多元化并购三种类型。其他的并购分类方法不用并购类型这个概念。因此，一般来说，研究中所指的并购类型都是指按照双方产业关系划分的（Elgers and Clark，1980；Wansley，Lane and Yang，1983；于铁铭等，2004；谢惠贞等，2004；张波等，2006；姚益龙等，2009）。本书也是从这个角度出发，根据并购双方的产业关系界定并购类型。

1.按照并购双方的产业关系划分

美国联邦交易委员会（The Federal Trade Commission）把并购类型分为三类：

（1）横向并购（Horizontal Mergers）

横向并购是指并购同一生产阶段的企业，在相同的地理市场生产相关产品，是竞争对手之间的并购。

（2）纵向并购（Vertical Mergers）

纵向并购是指有供应商和顾客关系的企业之间的并购，并购前有潜在的购买——销售关系。

（3）多元化并购（Conglomerate Mergers）

多元化并购是指并购双方没有直接的竞争对手关系或者供应商和顾客关系的并购。多元化并购进一步划分为三类：产品扩展并购（Product Extension Mergers）、市场扩展并购（Market Extension Mergers）和纯粹的多元化（Pure Conglomerate）。产品扩展并购中，双方在生产或分销上有联系，产品扩展并购的作用是拓宽生产线。市场扩展并购中公司为不同的市场生产相同的产品，市场扩展并购是扩大了市场范围。纯粹多元化并购是两个产品和技术等没有必然关联的公司的并购。

西方许多学者对并购的研究也多采取这种分类方法。我国学者也常把并购划分为横向并购、纵向并购和混合并购（多元化并购），一般不再对多元化并购进一步细分。但是，随着经济和新技术的发展，并购的分类的定义应该改变（Chan-Olmsted，1998；Whalen and Litman，1997）。Chan-Olmsted（1998）把并购划分为横向并购、纵向并购、同心多元化和多元化四种类型。Joseph et al.（2006）把并购分为纵向相关、纯粹的纵向、纯粹的横向、纵向和横向混合、多元化。因此，根据研究的内容，随着经济的发展，我们也可以对并购类型重新界定。

2.本书对并购类型的界定

本书按照并购双方的产业关系划分来界定并购类型。以往的研究划分为横向并购、纵向并购和多元化并购三种类型，其中多元化并购包括产品扩展的并购、市场扩展的并购和纯粹的多元化并购。这种划分方法中多元化包含的并购实质上有重大的区别(Elgers and Clark,1980)。产品扩展的并购和市场扩展的并购与纯粹的多元化的动因、作用机理和产生的效果完全不同,把它们都放在多元化中会使研究结论出现重大偏差。而且随着经济全球化和电子商务的发展,公司的经营不受地理位置的限制,竞争对手也不仅局限于所在的地域,遍布全国甚至全球,因此,市场扩展的并购应该属于横向并购。而随着公司规模的扩大,大的集团公司的不断增多,公司业务范围也逐渐扩大,产品扩展的并购则可以归属于纵向并购。

本书将采用新的并购类型的划分方法。因为横向并购和纵向并购这两种类型中,并购双方都有特定的联系,而且都容易产生协同效应,实现规模经济和范围经济,两类并购可以都归为一类,称为相关并购。而纯粹的多元化并购双方没有特殊的联系,属于无关并购。因此,本书将按照并购双方的产业关系将并购划分为两种类型:相关并购和无关并购(多元化并购)。

(1)相关并购

相关并购包括横向并购和纵向并购,是指并购双方有特定的联系,或者是生产同一种产品,或者处于同一产品不同的生产阶段,是对竞争对手或同一产业链上下游企业的并购。包括美国联邦交易委员会定义的横向并购、纵向并购,以及多元化并购中的市场扩展的并购、产品扩展的并购。

(2)无关并购(多元化并购)

本书界定的无关并购是指处于不同产业领域,而且产业领域之间不存在特别的生产技术联系的企业之间的并购,多元化并购双方没有必然关联,生产和经营互不相关产品或服务。无关并购仅仅包括美国联邦交易委员会定义的纯粹的多元化。

三、管理层特征

1.管理层

本书从管理层的特征角度研究管理层对并购类型选择的影响,主要从管理层团队和管理者个人两个层面。

(1)管理层团队

国外的文献中往往用 Top Management Team、Top Managers 来表示高管团队,国内的研究中,高管、管理层、高层管理者、高层管理团队频频出现,但是大家对管理层的概念并没有一致的认识,往往根据自己的研究确定管理层的范围。本书借鉴姜付秀等(2009)的方法,“管理层团队包括担任管理职位的董事会成员、监事会成员、总经理、总裁、常务(第一)副总、常务(第一)副总裁、财务总监(或财务负责人)、技术总监、总工程师、总经济师、总农艺师、董事会秘书、党委书记等高级经理人员。一般是公司年报中披露的高层管理人员。”

(2)管理者个人

管理者个人是指公司的主要负责人,本书研究中包括董事长和总经理,分别研究董事长和总经理的个人背景特征对并购类型的影响。

2.管理层的背景特征

本书中的管理层的特征是指管理层的背景特征和个人特征,主要涉及两个概念,管理层团队的特征和管理者个人的特征。管理层团队和个人的背景特征包含许多方面,如年龄、性别、教育经历、工作经历、任职时间、婚姻状况、特定的领导经历和公司培训、行业经验、风险承担倾向等(Hambrick and Mason,1984;Norburn and Birley,1988;Pitcher and Smith,2001),此外高管团队的一致性和差异性等对高管决策也产生影响。但是基于我国上市公司公布的高管的背景特征比较有限，本书选择可以获取的特征作为研究对象。

（1）管理层团队的特征

管理层团队的特征包括：管理层规模、管理层的平均学历、管理层性别、管理层的平均年龄、管理层的平均任职时间。

（2）董事长（总经理）的特征

管理者的个人特征主要包括：董事长（总经理）的性别、年龄、学历、工作经历、任职时间。

四、公司特征

本书所说的公司特征是指公司层面的特征，包括财务特征和行业特征。

1.财务特征

公司的财务特征分为几个方面，包括公司的负债水平、盈利能力、发展能力、资产管理能力、现金流量能力、规模等多方面。

2.行业特征

公司的行业特征包括并购公司在行业中所处的地位，用上市公司财务指标占行业的百分比来表示。

五、公司治理结构

公司治理结构主要分为董事会和监事会特征、薪酬激励、股权结构三个方面。

1.董事会和监事会特征

主要选择董事会规模、独立董事比例、董事长和总经理兼任、监事会规模、董事会持股、监事会持股、董事会下属委员会及会议次数等。

2.薪酬激励

选择高管薪酬的金额和持股数量等指标。

3.股权结构

选取了股权集中度、Z 指数和 S 指数、实际控制人性质等指标。

六、政府干预

政府干预主要选取两个指标来代表:上市公司属于地方控股还是中央控股、并购双方是否属于同一地方政府管辖。

第六节　研究方法和研究样本

一、研究方法

本书拟采用实证研究、规范研究相结合的研究方法。

1.实证研究方法

本书运用上市公司数据库,进行实证分析,找出影响企业并购类型的企业层面和管理者层面、治理机制层面、政府干预层面的影响因素,总结并购过程中各种影响因素的作用大小,然后研究不同并购类型对企业盈利能力和价值的影响,寻找相应的对策,以指导企业并购实践。

在实证研究中,将用 Logit 回归分析。所采用的统计与计量工具是 Stata 软件。

2.规范研究方法

在理论分析和假设提出等部分,采用规范研究方法,从中国特定的制度背景出发,结合国内外相关研究进行分析和论述。而且,结合实证研究的结论进行分析和研究,以丰富并购、高层管理者、公司治理等方面的理论研究。

二、研究样本

1.样本范围

为保持整体的一致性和可比性,采用实证研究方法的章节使用相同的样本。本书的样本来自于沪深两市2001年到2009年的上市公司的数据。上市公司数据来自于上市公司年报、Wind数据库、国泰安数据库。

本书对Wind数据库中的并购事件数据进行处理,选择符合以下标准的数据:(1)并购活动已经完成。(2)当年仅发生过一次并购。(3)收购方是2001年以前上市的A股公司(包括既发行A股,又发行B股和H股的公司)。(4)一年内对同一公司进行的多次并购视同一次并购。

处理完之后,共获得1564个上市公司的并购样本。

2.样本的行业和年度分布

对所获得的样本进行统计,行业按照《上市公司行业分类指引》的分类,按照行业和年度分类整理,结果如表1—1所示:

表1—1 并购样本公司的行业和年度分布表

行业	代码	2001	2002	2003	2004	2005	2006	2007	2008	2009	合计
农林牧渔业	A	1	1	0	5	8	3	2	5	9	34
采掘业	B	0	1	0	5	7	6	4	12	9	44
制造业	C	47	23	19	135	138	86	47	174	189	858
电力、煤气及水生产和供应业	D	7	2	2	9	15	12	5	15	12	79

续表

行业	代码	2001	2002	2003	2004	2005	2006	2007	2008	2009	合计
建筑业	E	0	1	0	3	6	2	1	4	8	25
交通运输仓储	F	2	1	1	7	12	6	6	14	13	62
信息技术业	G	6	2	2	16	14	10	2	21	18	91
批发零售贸易	H	4	5	2	15	16	7	4	16	18	87
金融保险业	I	0	1	0	1	1	4	4	5	1	17
房地产业	J	3	1	2	14	12	6	5	18	24	85
社会服务业	K	4	2	1	7	8	5	1	10	7	45
传播与文化业	L	3	0	0	1	2	2	2	1	3	14
综合类	M	12	5	2	22	19	13	5	27	18	123
合计		89	45	31	240	258	162	88	322	329	1564

研究公司特征和治理结构对并购类型的影响时,因为金融行业的业务的特殊性,删除金融行业的并购样本。

我们可以看出,样本公司最多的年份是 2008 年和 2009 年,分别是 322 家和 329 家公司;其次是 2004 年和 2005 年,分别是 240 家和 258 家公司。2003 年样本公司最少。从图 1—3 中我们可以更清楚地看到样本公司的行业和年度分布情况。

样本公司的行业分布中,制造业所占比重最大,通过计算,制造业所占比例最高的年份是 2003 年,占 61. 29%;制造业占比例最低的年份是 2002 年,占 51. 11%。在所有年份制造业所占比重都超过 50%。因为我国上市公司中制造业公司占的比重最大,所以参与并购的公司也集中在制造业。制造业公司包含门类比较广泛,因此,有必要对制造业上市公司样本进一步分析,按照行业分类指引中的划分方法,制造业又细分为 10 个二级行业。通过进一

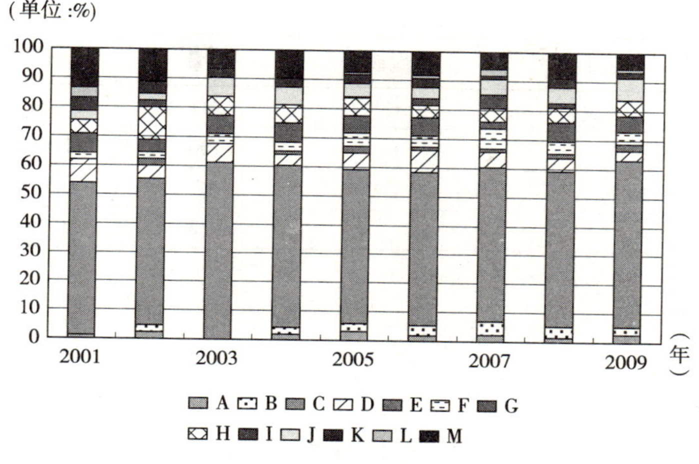

图 1—3 样本行业和年度分布

注:A 至 M 代表的行业见表 1—1。

步分析,发现上市公司收购方处于机械、设备、仪表行业的最多,占整个制造业样本公司的 26.92%;其次是石油、化学、塑胶、塑料行业,占 17.25%;金属、非金属行业占 16.78%;医药制造业占 11.66%,具体数据见表 1—2 制造业样本公司分布表。

表 1—2 制造业样本公司分布

行业	编码	数量	百分比
食品、饮料	C0	72	8.39%
纺织、服装、皮毛	C1	67	7.81%
木材、家具	C2	5	0.58%
造纸、印刷	C3	32	3.73%
石油、化学、塑胶、塑料	C4	148	17.25%
电子	C5	47	5.48%
金属、非金属	C6	144	16.78%

续表

行业	编码	数量	百分比
机械、设备、仪表	C7	231	26.92%
医药制造业	C8	100	11.66%
其他制造业	C9	12	1.40%
合计		858	100.00%

3.不同并购类型的分布

(1)年度分布

表1—3　不同并购类型的年度分布

年度	无关并购		相关并购				合计
			横向		纵向		
	数量	百分比	数量	百分比	数量	百分比	
2001	24	26.97%	57	64.04%	8	8.99%	89
2002	8	17.78%	36	80.00%	1	2.22%	45
2003	11	35.48%	19	61.29%	1	3.23%	31
2004	49	20.42%	162	67.50%	29	12.08%	240
2005	59	22.87%	166	64.34%	33	12.79%	258
2006	25	15.43%	117	72.22%	20	12.35%	162
2007	18	20.45%	66	75.00%	4	4.55%	88
2008	54	16.77%	216	67.08%	52	16.15%	322
2009	48	14.59%	223	67.78%	58	17.63%	329
合计	296	100.00%	1062	100.00%	206	100.00%	1564

从表1—3和图1—4中我们可以看出,总体样本中无关并购样本296个,横向并购样本1062个,纵向并购样本206个。在我

国上市公司并购中，横向并购占据比重最大，纵向并购所占比重最小。

2003年无关并购所占比重最大，2009年无关并购所占比重最小。2002年横向并购所占比重最大，2003年横向比重所占比重最小。2009年纵向并购的比重最大，2002年纵向并购所占比重最小。

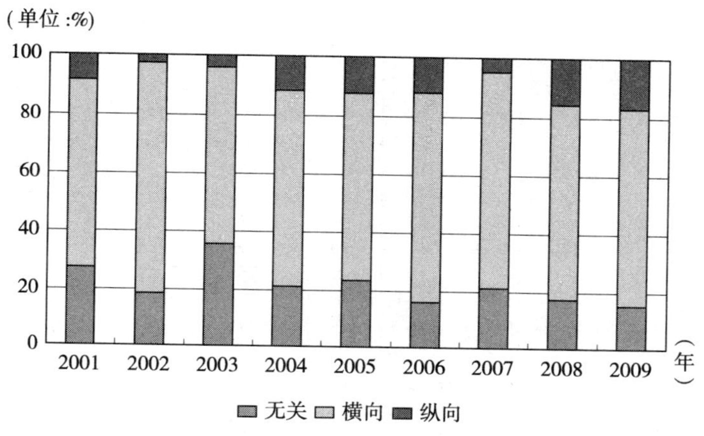

图1—4 不同并购类型的年度分布

(2)行业分布

表1—4 不同并购类型的行业分布

行业分类	无关并购（多元化）		相关并购				合计
			横向		纵向		
	数量	比重	数量	比重	数量	比重	
农林牧渔业	9	0.26	23	0.68	2	0.06	34
采掘业	2	0.05	32	0.73	10	0.23	44

续表

行业分类	无关并购（多元化）		相关并购				合计
			横向		纵向		
	数量	比重	数量	比重	数量	比重	
制造业	138	0.16	592	0.69	128	0.15	858
电力、煤气及水	10	0.13	57	0.72	12	0.15	79
建筑业	2	0.08	16	0.64	7	0.28	25
交通运输仓储	6	0.1	53	0.85	3	0.05	62
信息技术业	19	0.21	52	0.57	20	0.22	91
批发零售贸易	31	0.36	49	0.56	7	0.08	87
金融保险业	8	0.47	9	0.53	0	0	17
房地产业	16	0.19	64	0.75	5	0.06	85
社会服务业	7	0.16	35	0.78	3	0.07	45
传播与文化业	4	0.29	8	0.57	2	0.14	14
综合类	44	0.36	72	0.59	7	0.06	123
合计	296	0.19	1062	0.68	206	0.13	1564

由表1—4和图1—5我们可以看出并购类型的行业分布，无关多元化并购所占比重最大的行业是金融保险行业，比重最小的行业是采掘业；横向并购所占比重最大的行业是交通运输业，比重最小的是金融保险业；纵向并购所占比重最大的行业是建筑业，比重最小的是金融保险业。

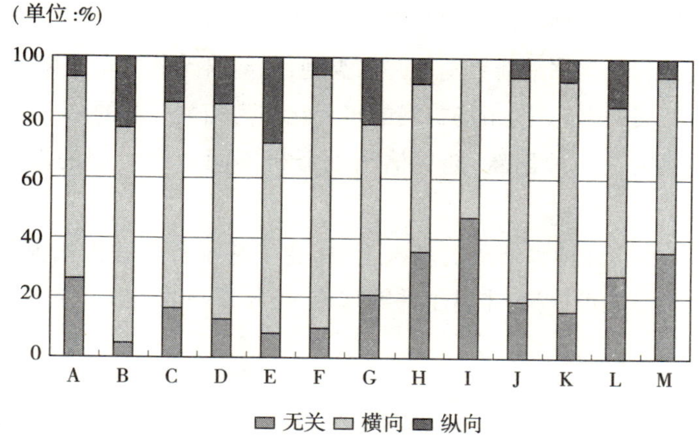

图 1—5　不同并购类型的行业分布

第七节　研究创新

本书的创新之处体现在：

1.从管理者的背景特征、公司特征、公司治理、政府干预四个层面，全面、系统地研究并购类型的影响因素。以往的研究缺乏对管理者的考虑，从公司特征角度分析并购类型的影响因素，这是不全面的，因为管理者做出并购决策，而且受到公司治理机制的制约和政府干预的影响，因此，本书从管理层以及董事长和总经理个人的特征三个角度研究了管理层的背景特征对并购类型决策的影响，从这四个层面，对影响公司并购类型选择的因素进行了全面、系统地分析，并进行了实证检验。

2.在重新界定并购类型的基础上，把并购动因、并购类型、并购绩效联系起来，从公司内部以及政府干预两个角度全面系统地研究了不同并购类型的影响因素及并购绩效。现有研究对并购类型的划分对多种不同动因进行的多元化的界定会产生研究结果的偏差，因此，本书重新界定了并购类型，分离出无关的多元化，而把产品扩展的多元化、市场扩展的多元化作为相关并购的一个部分。这种界定是一种创新，能更清晰地分析不同并购类型的动因及效果。

3.在实证检验结果的基础上，构建了基于价值链优化视角的并购类型决策框架，丰富了并购理论，指导了并购实践。

第二章 上市公司并购发展历程及动因分析

1993年"宝延风波"拉开了中国上市公司并购的帷幕,至今已经历了十几年的发展。随着资本市场和法律法规的逐步完善,中国上市公司的并购获得了快速增长。上市公司对并购类型的选择是并购决策的重要内容,并购决策受到多种因素的综合影响。从上市公司并购的发展历程我们可以看出,除了市场驱动因素以外,政府在上市公司并购中也起着重要的作用。本章首先将对上市公司并购的发展历程进行整理和分析,然后整理影响上市公司并购重组的法律法规和政策,最后对中国上市公司并购的驱动因素做出分析。

第一节 上市公司并购发展历程

1984年7月,保定市锅炉厂兼并了保定市风机厂,这是我国改革开放后企业首次尝试兼并收购。后来又有多家企业也以同样的方式兼并收购,被大家称之为"保定模式"。1987年之后我国政府出台了一系列鼓励兼并收购的政策法规。1989年,我国第一部有关企业并购的行政法规出台,几个国家部委联合颁布了《关于企业兼并的暂行办法》,规范和推动了企业并购活动。

1990年12月19日上海证券交易所的成立,标志着中国资本市场进入了快速发展阶段,大批国有企业上市。上市公司已经成为中国经济体系中至关重要的力量。而1993年9月的宝安收购延中实业则揭开了上市公司并购的序幕。十几年来,随着证券市场的发展和我国经济改革的深入,上市公司并购迅速发展,参与并购的上市公司的数目和交易金额不断扩大。并购已经成为上市公司发展的重要的方式,对证券市场和经济发展产生了重大影响。表2—1根据万德(Wind)数据库的并购重组事件数据库中的数据整理,可以发现,并购重组事件逐年增多,中间年度出现调整,并购事件减少,但是总体趋势是逐步增加。

表2—1 并购事件年度分布表

年度	成功	失败	进行中	合计
1994	8			8
1995	5		1	6
1996	24		3	27
1997	66		37	103
1998	228		88	316
1999	215	9	198	422
2000	302	22	270	594
2001	517	53	534	1104
2002	323	69	1064	1456
2003	411	36	463	910
2004	2049	109	812	2970
2005	2376	119	1306	3801
2006	1223	113	1921	3257
2007	796	134	2106	3036
2008	2762	271	1979	5012
2009	2936	198	1861	4995
合计	14241	1133	12643	28017

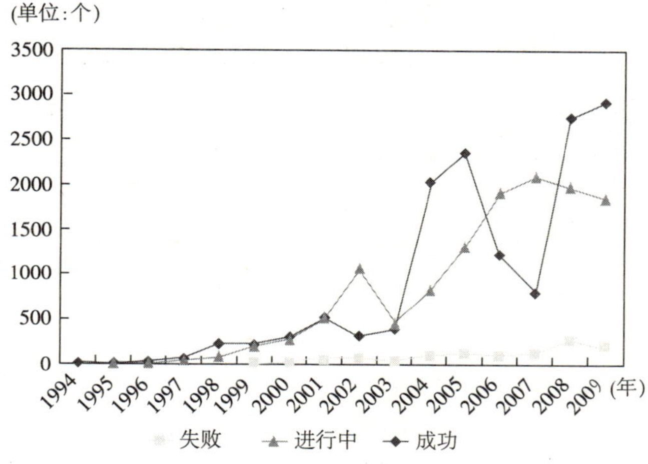

图 2—1　并购事件年度分布图

从图表分析可以看出,并购成功的事件在 1995、1999、2002、2006 和 2007 年有所下降,其余年份都是增加的;进行中的并购在 2002 年急剧上升,在 2003、2008、2009 年有所下降,其余年份稳步增加。并购失败的事件相比来说比例比较小。具体来说,我国上市公司并购的发展可以分为如下几个阶段:

一、萌芽阶段:1993 年至 1996 年

1993 年 4 月 22 日,国务院颁布了《股票发行与交易管理暂行条例》,该条例第四章中对上市公司的收购做了初步规定,规定上市公司采取要约收购的方式,并对收购价格做了规定。1993 年 9 月 30 日,深圳宝安集团通过二级市场购买股票方式,收购了上海延中实业 16.8%的流通股,成为其第一大股东。这次"宝延风波"是我国证券市场的首次收购,从此之后相继有上市公司进行并购。"宝延风波"的重要意义在于,它首次将利用股票市场实现参股、

控股的概念和投资方式引入了中国股票市场。1994 年，珠海恒通集团协议收购了沪市上市公司——棱光股份的母公司所持有的35.5%的国有股，成为棱光股份的第一大股东，并全面接管了棱光股份的管理权。这次收购是中国股市发展史上的第一次协议并购行为，也是首例得到中国证监会全面要约收购豁免权的资产重组行为。从 Wind 数据库的并购事件统计可以看出，1994 年仅有 8 起并购成功事件，而 1996 年则有 24 起并购成功事件，3 起正在进行中的并购。

这个阶段的并购特点是：

1.上市公司开始了并购重组，但是数量很少，并购活动不活跃。上市公司成功并购重组开始出现，但是每年仅有为数不多的数起交易发生。

2.法律制度和市场规则对并购的规定比较少，相对滞后。这个阶段对上市公司并购重组的规范还不完善，主要有 1993 的《股票发行与交易管理暂行条例》和 1994 年的《公司法》、《股份有限公司国有股管理暂行办法》和 1995 年的《暂停向外商转让上市公司国家股和法人股的通知》，仅对上市公司的要约收购做了初步规定。

3.外资并购由发展到停止。1992 年 4 月，香港中策公司收购山西太原橡胶厂，这是第一起外资并购国有企业的案例。自此之后，外资并购的发展并不顺畅。1995 年暂停外资并购，外资企业不能通过收购国有股权控制上市公司。

二、快速发展阶段：1997 年至 2001 年

这一阶段，并购重组成为股票市场热点，我国上市公司控制权转让数量大大增加。国家出台了一系列政策措施，为国有控股上

市公司并购提供了有利环境。这个阶段的并购特点是：

1.并购重组成为一股浪潮。从 Wind 数据库的并购事件统计可以看出，1997 年仅有 66 起并购成功事件，37 起正在进行中的并购事件，到 2000 年则有 302 起并购成功事件，22 起并购失败事件，270 起正在进行中的并购。并购重组的上市公司大量增加。

2.上市公司资产重组混乱，"报表重组"泛滥。这个阶段，并购市场很不规范，投机收购比较多见，还出现掏空上市公司的现象。出现了控制多家上市公司的"公司系"，如德隆系、复星系、东盛系等，对市场造成了冲击。以操纵股票价格为目的的虚假交易泛滥，与资产重组相关的内幕交易盛行，助长了市场的投机行为。上市公司资产重组沦为股价操纵的工具。

3.民营企业成为收购方的主体，这些"国退民进"的并购多以民企的借壳上市及财务性并购为目的。中国证券市场恢复发展时期，特定的制度安排导致上市公司数量不多，质量不高，规模偏小，竞争能力不强，抗风险能力低，经营机制不规范，产权不明晰，同时，公开发行作为一种受到政府高度管制的稀缺资源，导致中国证券市场上出现了一大批具有"壳资源"潜在特征的上市公司，于是保护"壳资源"和"借(买)壳上市"的资产重组现象应运而生，并且成为实现控制权转移的一种重要形式。典型的借壳案例如完成"乾坤大挪移式大换壳"的兰陵陈香、六次转让控股权的石劝业等。

4.外资并购重新开始，在做出严格限制的基础上重新吸收外资进行并购。1999 年国家经贸委发布的《外商收购国有企业的暂行规定》重新为外资收购打开了大门。但是这个规定虽然明确了外商可以参与购并国有企业，但并没有出台具体、可操作性的措施。

5.法律监管逐渐完善。1997 年颁布的《股份有限公司国有股股东行使股权行为规范意见》对国有股权的转让做出了相关规定，使国有股权协议转让成为我国并购市场的主流。1999 年颁布了《证券法》，这是中国并购立法的一次重大突破。《证券法》对上市公司收购方式、收购条件、收购程序、收购活动的监管、信息披露等方面做出了原则性规定，上市公司收购可以采取要约和协议收购两种方式，鼓励上市公司并购的发展。

三、调整期和规范期：2001 年至 2005 年 5 月

2001 年发布的《关于上市公司重大购买、出售、置换资产若干问题的通知》对上市公司重大的购买、出售和置换资产的要求和条件、监管做了相关规定。2002 年 9 月公布的《上市公司收购管理办法》规定了“收购人可以通过协议收购、要约收购或者证券交易所的集中竞价交易方式进行上市公司收购”，对上市公司收购操作程序作了详细规定，给各种类型的并购实践提供了具体的操作指引。

2001 年 11 月至 2002 年 11 月，相关部门陆续发布了《关于上市公司涉及外商投资有关问题的若干意见》、《关于向外商转让上市公司国有股和法人股有关问题的通知》、《合格境外投资者境内证券投资管理暂行办法》，这才重新打开了外资并购的大门。2003 年 3 月，国家多个部门联合颁发了《外国投资者并购境内企业暂行规定》，中国并购市场向外资开放。

这个阶段的并购特点是：

1.实质性资产重组逐渐增多，投机并购减少。随着相关法律法规的健全，上市公司实质性资产重组增多，企业作为独立的市场主体，多进行战略并购。但也有许多企业通过并购上市公司达到其他目的。

2.外资并购重新开始并迅猛发展。联合国贸发会《世界投资报告》显示,2001年中国外资并购占当年外商直接投资不到5%,而2004年仅1到6月就达到了63.6%,3年不到增长了近12倍。① 外资并购往往进行“斩首式”并购,掌握垄断企业控股权,达到控制垄断企业的目的。不断增长的外资并购和“斩首式”并购方式引发了大家对国家经济安全的担忧。

3.并购逐渐走向规范,出台了相关的政策和法规对并购行为进行规范。为规范上市公司收购行为,除《公司法》和《证券法》分别对公司收购和上市公司收购做出专门规定外,相关部门陆续出台了《股票发行与交易管理暂行条例》、《关于加强上市公司主要股东变更审查工作的通知》、《上市公司收购管理办法》、《上市公司股东持股变动信息披露管理办法》、《关于上市公司重大购买、出售、置换资产若干问题的通知》、《关于规范上市公司实际控制权转移行为有关问题的通知》等一系列相关法规。这些法律法规的出台推动和规范了上市公司并购行为。

4.政府主导上市公司重组,有较为浓厚的行政色彩。一些地方政府积极推动“国退民进”,这种急功近利的做法,推动了所谓“借壳”、“买壳”的浪潮,导致一批缺乏诚信、不具备实力的民营企业入主上市公司后,将上市公司作为提款机,违规占用公司资金或提供担保,将关联交易非关联化输出利益,严重侵害了上市公司和中小股东的合法权益,大股东侵占上市公司资金等问题愈演愈烈,迫切要求证券市场尽快完善市场诚信建设,要从源头加强对收购人和重组方的监管,并强化持续监管。

5.并购市场化程度增强。出现了各种并购重组题材,企业并

① 数据来源于江苏商务之窗网站,http://jiangsu.mofcom.gov.cn。

购方式也多样化。支付方式上,不仅有现金支付,还出现了定向增发,吸收合并,反向吸收合并,以及混合支付方式等。

四、创新期:2005年5月至今

2005年5月,《国务院国资委关于国有控股上市公司股权分置改革的指导意见》出台,股权分置改革开始启动,给证券市场带来了巨大的变化,证券市场并购更加活跃。

而2006年1月1日起,新《公司法》、《证券法》开始实施,对收购人提出要求,规定"投资者可以采取要约收购、协议收购及其他合法方式收购上市公司",可以进行换股收购,不再明文禁止反收购策略。

《上市公司收购管理办法》重新修订,鼓励上市公司收购,在强制性全面要约收购制度的基础上,增加了部分要约制度。

2006年8月,为规范外资对国内上市公司的并购行为,商务部颁布实施了《外国投资者对上市公司战略投资管理办法》和《关于外国投资者并购中国境内企业的规定》。这些新政策和新法规的颁布和实施,必然对中国企业并购特别是上市公司并购市场产生重大深远的影响。

2006年《关于推进国有资本调整和国有资产重组的指导意见》提出"实行国有资本调整和国有企业重组,完善国有资本有进有退、合理流动的机制,是经济体制改革的一项重大任务"。这表明了政府对并购的支持。而2007年的《上市公司并购重组财务顾问业务管理办法》为建立企业并购的财务顾问制度提供了法律支持,有利于规范企业并购,促使并购获得成功。

2008年12月,银监会发布《商业银行并购贷款风险管理指引》,允许符合条件的商业银行开办并购贷款业务,规范商业银行并购贷款经营行为。一方面,企业并购融资在禁贷12年后将有新的渠道,为企业并购提供资金支持;另一方面,也表明了政府支持战略性并购,推动行业重组的态度。

2010年的《企业重组业务企业所得税管理办法》、《国务院关于促进企业兼并重组的意见》进一步表明了政府支持并购重组的决心,落实税收优惠政策;加强财政资金投入;加大金融支持力度。《国务院关于促进企业兼并重组的意见》附有"促进企业兼并重组任务分工表",明确列示了促进并购重组的各项工作的牵头单位和参加单位名单,这样更有利于并购重组的顺利实施。

这个阶段的并购特点是:

1.并购数量和规模迅速增大,战略性并购增多。股权分置改革和新的政策和法律法规的出台,为并购提供了发展机遇,证券市场的并购更加活跃、规范。在产业整合方面,钢铁、水泥、医药、百货等行业的横向并购层出不穷,其中以钢铁行业的上市公司合并最为突出,如鞍钢与本钢的合并,唐钢、邯钢与承德钒钛三家钢铁企业的合并等。具体表现在三个方面:一是在国家行业政策影响下部分行业的整合开始加速,如电力、民航、电信、汽车、公用事业等领域相继出台了有关政策,直接推动行业内上市公司的并购重组;二是横向兼并增多,如燕京啤酒、北京华联、宝钢股份等;三是外资作为战略投资者获得了进入中国的诸多便利,外资并购增长加快。战略并购的兴起将改变我国并购市场格局,推动中国控制权市场向成熟化、规范化和规模化发展。数据显示,从2006年到2010年,我国上市公司并购重组规模为9890亿元。2010年,我国共实施重大资产重组47项,交易金额1338亿元。①

① 资料来源:《证券日报》,2011年2月18日。

2.并购方式不断创新。除了以前的要约收购和协议收购，又增加了换股收购、定向增发、资产置换、举牌收购、买壳上市等新的方式，成为净壳的上市公司吸收合并拟注入上市公司的非上市公司优质资产，如国元证券借壳北京化二、国金证券借壳成都建投、东北证券借壳锦州六陆。

3.政府以及各方对并购提供支持。政府提供了政策、税收和资金等各方面的支持，推动上市公司进行战略并购和重组。包括新《证券法》、《外国投资者对上市公司战略投资管理办法》、《上市公司收购管理办法》、《关于外国投资者并购境内企业的规定》、《企业会计准——应用指南》等。这些法规重新调整了上市公司收购制度，力求转变监管方式，激励创新，提高市场效率，建立了一个完整的上市公司并购重组法律体系。这一规则体系的建立，有利于发挥资本市场资源优化配置的功能和价格发现功能，有利于控制权市场的规范发展。

4.外资并购活跃，国家出台相关法规政策进行规范。这个阶段的外资并购有拉法基并购双马、鼎辉联合高盛并购双汇以及未成功的凯雷收购徐工等。2006 年出台了《关于外国投资者并购境内企业的规定》，对外资并购加以规范，明确提出要“保证就业、维护公平竞争和国家经济安全”。

总之，经历了十几年的发展，我国上市公司并购逐步规范，在经济发展和资源配置中起着重要的作用。

第二节　上市公司并购的相关法律法规及政策

从 1989 年 2 月国家体改委、国家计委、财政部、国家国有资产管理局四个部委联合发布我国企业并购第一部法规《关于企业兼并的暂行办法》开始，我国并购方面的立法不断发展，规范和推动了企业并购行为。本书对涉及我国上市公司并购的相关法律法规进行整理，如表 2—2 所示：

表 2—2　并购相关法律法规（1993—2010 年）

时间	相关法规	对上市公司并购的影响
1993 年 4 月 22 日	《股票发行与交易管理暂行条例》	对要约收购做了初步的规范。规定：国有股权协议转让，须经国家有关部门批准。上市公司要约收购。
1993 年 12 月 29 日公布，1994 年 7 月 1 日施行	《公司法》	涉及"上市公司收购"的概念，但只是对发行人回购自己发行在外股票的相关规定，把公司合并分为吸收合并和新设合并两种。
1994 年 11 月 3 日	《股份有限公司国有股权管理暂行办法》	国有股权转让需申请，并由国有资产管理部门审批。
1995 年 9 月 23 日	《暂停向外商转让上市公司国家股和法人股的通知》	停止向外资转让法人股和国家股。
1997 年 3 月 24 日	《股份有限公司国有股股东行使股权规范行为意见》	规范了国有股股东的权利、义务以及国有股转让的价格限制。
1999 年 7 月 1 日	《证券法》	收购可以采取要约和协议收购两种方式。而且超过 30% 持股，不一定要继续进行要约收购。协议收购的，可以约定收购条件。
1999 年 8 月	《外商收购国有企业的暂行规定》	外商可以参与购买国有企业，但审批很复杂。

续表

时间	相关法规	对上市公司并购的影响
2000 年 5 月 19 日	《财政部关于股份有限公司国有股权管理工作有关问题的通知》	明确转让或划转国有股权应该报送的材料。
2001 年 10 月 8 日	《关于上市公司涉及外商投资有关问题的若干意见》	允许外商投资企业受让上市公司非流通股,对此做了原则性规定。
2001 年 10 月 10 日	《关于上市公司重大购买、出售、置换资产若干问题的通知》	上市公司重大购买、出售、置换资产行为的界定、程序、审核。
2002 年 11 月 5 日	《关于向外商转让上市公司国有股和法人股有关问题的通知》	对外商收购上市公司国有股和法人股的资格、产业限制及条件、审核形式、收购与信息披露以及定价方式等,都做出了原则规定。既是对近期公布的《上市公司收购管理办法》的一个有机补充,也标志着外资收购开始进入到一个可依法操作的实质性阶段,不仅有助于规范外资收购上市公司行为,为今后外资收购提供了行为指引和基本的法规依据,而且还将大大推动外资收购上市公司的资产重组进程。
2002 年 12 月 1 日	《上市公司收购管理办法》	对收购方式、持有期限、支付方式、资格审查、管理层收购、反收购等做出规定,遏制虚假股权收购,推动健康的股权转让和上市公司实质性资产重组。
2003 年 4 月 12 日	《外国投资者并购境内企业暂行规定》	中国并购市场终于对外资全面放开。

续表

时间	相关法规	对上市公司并购的影响
2004 年 2 月 1 日	《企业国有产权转让管理暂行办法》	从企业国有产权的转让场所、转让方式、转让程序和相关主体的法律责任等方面进行规范和明确，加强对企业国有产权交易的监督管理。
2005 年 6 月 17 日	《国务院国资委关于国有控股上市公司股权分置改革的指导意见》	标志着资本市场股权分置改革的开始，为上市公司进行实质性资产重组提供了条件。
2005 年 12 月 31 日	《外国投资者对上市公司战略投资管理办法》	解决外资在股改前取得的非流通股在新形势下的流通问题，更多的资金被获准进入有利于我国资本市场吸引境外长期资本，同时推动国内资本市场的并购重组进程。
2006 年 1 月 1 日	《公司法》	增加反垄断和反不正当竞争方面的规定。
2005 年 10 月 27 日修订，2006 年 1 月 1 日实行	《证券法》	新《证券法》：投资者可以采取要约收购、协议收购及其他合法方式收购上市公司。新修订的《上市公司收购管理办法》：可以进行换股收购，增加了部分要约制度。鼓励上市公司收购。
2006 年 9 月 1 日	《上市公司收购管理办法》修订	将强制要约制度改为收购人选择的要约收购方式；切实保护中小股东合法权益；限制不适当的反收购；转变监管方式，由事前审批转变为事前、事后监管相结合；坚持市场化导向；丰富并购手段和工具；规范了收购人的主体资格。

续表

时间	相关法规	对上市公司并购的影响
2006年9月8日	《关于外国投资者并购境内企业的规定》	明确提出要:保证就业、维护公平竞争和国家经济安全;对可能影响国家经济安全、造成过度集中、排除或限制竞争的行为不仅设置了事先防护的措施,还设置了事后的监管办法。 首次明确了外资可以用换股的方式并购境内企业,但境外公司必须是上市公司。避免一些国内企业海外借壳上市,变成外资企业后,又收购国内企业。
2006年12月5日	《关于推进国有资本调整和国有资产重组的指导意见》	坚持公有制为主体、多种所有制经济共同发展的基本经济制度,明确国有资本调整和国有企业重组的方向与目标。推进国有资本向重要行业和关键领域集中,增强国有经济控制力,发挥主导作用。
2007年6月30日	《国有股东转让所持上市公司股份管理暂行办法》	转让方式多样化,交易价格市场化,重大转让审批严格化收窄企业自主权限,严格把紧控股权,转让决策更理性,行政审批重效率,信息披露有规范,选择受主有条件,付款条件更苛刻,法律责任更明晰。
2008年5月18日	《上市公司重大资产重组管理办法》	标志着上市公司并购重组迈入了规范与发展并举的新阶段,为上市公司并购重组建立良好的法规和监管环境,完善交易决策和批准程序,增加股份支付等工具,强化中介结构的作用和责任。加大了对违规行为的规定力度。

续表

时间	相关法规	对上市公司并购的影响
2007年8月4日	《上市公司并购重组财务顾问业务管理办法》	明确设立了财务顾问制度，将上市公司并购重组从证监会直接监管下的全面要约收购，转变为财务顾问把关下的部分要约收购；将完全依靠中国证监会的事前监管，转变为实施财务顾问制度下的中国证监会适当事前监管与重点强化事后监管相结合。
2008年8月27日	《上市公司收购管理办法》修订	对控股股东股份增持采用特殊的监管制度安排，适应股权分置改革的需要。
2008年12月6日	《商业银行并购贷款风险管理指引》	允许符合条件的商业银行开办并购贷款业务，规范商业银行并购贷款经营行为。
2009年5月1日	《金融企业国有资产转让管理办法》	对金融企业国有资产的定义、转让渠道、转让方式、转让程序等方面进行了规范和明确。
2009年6月22日	《关于外国投资者并购境内企业的规定》	变更反垄断审查，与《反垄断法》和《国务院关于经营者集中申报的规定》衔接。
2009年7月1日	《企业国有产权交易操作规则》	统一全国国有产权交易的操作规则，统一的信息披露、统一的操作规则以及统一系统流程。
2010年7月26日发布，2010年1月1日施行	《企业重组业务企业所得税管理办法》	针对企业一般重组和特殊重组两种类型，从管理模式上采取了不同的原则和方法。
2010年8月28日	《国务院关于促进企业兼并重组的意见》	落实税收优惠政策；加强财政资金投入；加大金融支持力度。

第三节　中国上市公司并购的驱动因素

总结文献综述中对并购动因的研究，我们把并购动因归纳为两类：新古典主义并购动因理论和行为学理论。其中，新古典主义并购动因理论主要包括：协同效应理论、市场势力理论、竞争优势理论、降低交易成本理论；行为学理论的并购动因主要包括：市场择时理论、过度自信假说、自由现金流量假说、信息与信号假说、价值低估假说、经理主义理论、掏空与支持理论、并购浪潮理论等。归纳起来，西方上市公司并购的动因无非是公司发展的内在需要和管理层的利益需要两类。中国上市并购中，多种并购动因理论可以对上市公司的并购行为做出解释，中国上市公司的并购既有公司内在发展的客观需要，也有管理层追逐个人私利的主观要求。而且，中国上市公司的并购与西方公司的并购有重大的区别。中国的资本市场脱胎于计划经济，而且资本市场最初的功能就是为了国有企业的发展筹资资金，市场一直对资本市场有强大的行政干预，中国上市公司的各种决策受到政府的行政干预的影响。此外，政府作为国有上市公司的控股股东，对企业的并购重组有着强大的影响。

一、企业发展的客观需要引起并购

企业发展的客观需要引起的并购是符合企业发展的长远利益和股东利益的并购。新古典主义的并购动因主要从公司发展的内在需要出发研究并购的动因，新古典主义并购动因理论分为两类：第一，并购对并购公司产生协同效应，提高市场势力。由于所有公司的市场参与都获得协同效应，因此假定并购双方的股东都获得利益。第二,市场公司控制假设。并购是市场对由于能力不足或者代理问题没有最大化其公司价值的管理者的更换方式。

企业作为独立的市场主体,为获取协同效应和规模效益,降低交易成本,提高市场份额,克服贸易壁垒进入国内外市场,提高竞争优势等,都需要进行并购活动,这些并购是由企业发展的客观需要引起的。中国上市公司诸如追求经营协同效应、财务协同效应和市场份额等传统企业并购动机的市场化动因,在中国资本市场依然存在。由我国上市公司并购的发展历程可以看出,我国上市公司越来越重视企业的战略发展,实质性的资产重组和战略性的并购逐渐增多。企业要获取协同效应、市场势力、竞争优势,降低交易成本,就要从企业自身的资源和优势出发,进行横向并购或者纵向并购,这样才能增强企业的核心竞争能力。而完全无关的并购仅仅带来简单的企业规模的扩大,很难给企业带来协同效应和竞争优势。因此,企业客观发展的客观需要一般会引起相关并购。而我国上市公司并购中还有一个特殊的动因就是企业通过并购获取"壳资源",由于我国证券市场以前实现的额度管理制和两级审批制,一批经营状况差的公司成为了"壳资源",有些业绩较好、前景较好的民营企业为了自身的发展需要,就要进行"借(买)壳上市",这也是公司自身发展的客观需要引起的企业并购,但是这种并购有时候并不符合企业的价值链的增值。

二、管理层追逐个人私利的主观需要引起并购

由于代理问题的存在,上市公司管理层进行的并购决策不一定符合股东的利益,会存在因为管理层的个人私利而进行企业并购的行为。行为学的动因理论主要从管理层的利益需要角度解释并购的动因。管理层作为公司的高层对公司的经营做出决策。按

照古典经济学的解释,并购和其他投资决策一样,都是基于提高或增强股东财富的愿望。但是,控制着公司资源配置权的管理者不持有公司股份或者持有很少的公司股份,从 Berle 和 Means(1932)开始,大部分文献关注管理层与股东之间的利益冲突。Jensen 和 Meckling(1976)对这类代理问题已经研究的很充分,他们认为管理者可能追求自身利益,进行可能损害股东价值的并购活动。Jensen(1986)还提出了自由现金流量假说来解释并购行为,认为公司可以通过适当地提高负债比例减少多元化并购,可减少代理成本,增加公司的价值。管理者并不一定以提高股东财富为目的,而是为了追求管理者效用最大化。如果管理者的效用取决于公司规模、风险、管理者薪酬,而不是公司价值,则管理者将最大化公司的增长、降低风险,掠夺公司财富。

中国上市公司的管理者过度自信情况比西方管理者更严重(张敏等,2008),大股东控制和掏空问题严重,因此,存在管理层和大股东为了自身的利益进行盲目的扩大企业规模的并购。我国上市公司并购重组中曾经出现的“报表重组”、“投资收购”、掏空上市公司的并购等,就是管理层和控股股东的个人私利引起的并购,这种并购会损害其他股东的利益,损害公司的长远发展。

三、政府干预对并购的影响

政府干预是我国上市公司并购的一个显著特点。政府对上市公司运行进行的干预最突出地表现在企业资产重组的实施方面。在发达国家,证券市场上上市公司的并购活动完全是一种以市场为基础的纯企业行为,政府很少会介入到这一活动中去,西方国家的并购一般只存在企业发展和管理层私利两种动因。而在我国,资本市场建立的最初目的就是为了给国有企业筹集资金,而且上市公司的产权结构是国有股占据控制地位。这些因素决定了政府必然是上市公司资产重组的内在构成要素，政府干预也因此会贯穿上市公司重组过程的始终。

具体分析，政府干预上市公司重组的动机来自以下方面：第一，由于我国大多数上市公司是国有企业经股份制改造后取得上市资格的，因此，上市公司的主体仍是国有上市公司。政府作为上市公司的大股东和国有资产的所有者，与其他市场化财产的所有者一样，也追求财产（即国有资产）的最大化增值。从本质上讲，政府以实现国有资产的保值和增值为目的，运用并购和资产重组方式，对上市公司财产权利和管理资源的重新配置，也是一种经济行为。第二，由于我国证券市场仍存在信息的非完全性、市场垄断、经济活动外部性等缺陷，政府适时与适度地介入上市公司重组，可以增强对并购和重组活动的协调力度，克服市场失灵，替代市场发现重组价值，降低上市公司资产重组的交易成本。第三，在经济转轨过程中，绝大多数国有企业都承担着许多政策性负担，缺乏市场竞争能力，政府出于战略目的的考虑，必须对这些企业提供支持。由于国有企业在改制上市时，行政机构作为国有产权的代理人而承担“隐性担保人”角色，因而一旦上市公司出现问题，面临 ST（特别处理）、PT（特别转让）甚至是摘牌危险时，行政机构就不得不出面组织“资产重组”，于是就出现“报表重组”、“题材重组”等现象。第四，政府将并购和资产重组作为国有企业产业结构调整的手段。自中国证券市场创立以来，各级政府逐渐认识到资产重组的积极作用，纷纷把上市公司资产重组作为现阶段国企战略性重组和产业结构调整的重要手段。由于证券市场制度方面的一些原因，以及客观存在的上市公司“壳资源”现象，各级政府一方面需要将本地重点扶持的产业和企业推向证券市场，获得证券市场融资渠道，另一方面也需要对本地已经形成的经营差、亏损严重的上市公司进行重组，挽救这一重要的融资窗口。从操作上看，上市公司通过资产重组实现产业调整和升级也容易得到地方政府的支持。

不同层次的政府干预会对并购产生不同的影响。一般来说，地方政府的干预往往带有地方保护主义的色彩，而中央政府的干预则主要从产业结构调整和战略发展出发，积极作用更明显。

四、多种因素综合影响上市公司并购

归纳起来，西方一般的公司并购的动因无非就是公司发展的内在客观需要和管理层的利益主观需要两类。我国上市公司的并购还存在政府干预的影响。上市公司进行并购重组，往往是多种因素共同作用的结果，很难区分出一种主要的并购动因。不同的动因引起的并购会对公司产生不同的影响。但是我们没有办法直接判断并购活动到底是由哪种原因引起的，我们只能通过发生的并购活动以及引起的后果推断其动因。因此，从并购决策的特征我们可以推断公司的并购动因。并购类型的选择是并购决策中重要的环节。一般说来，横向并购和纵向并购是由公司内在发展引起的，而无关多元化并购则是管理层的利益引起的。而我国上市公司并购还受到政府干预的影响，因此，我们将从管理层背景、公司特征和治理特征、政府干预几个角度对并购类型的选择进行实证检验，分析哪些因素对并购类型的选择有显著影响，检验我国上市公司并购决策中的影响因素。

第四节　不同并购类型的并购动因分析

发生并购的原因是由很复杂的动机产生的。学者们提出了多种理论尝试解释并购的动因,但是没有一个理论可以解释所有的并购行为。并购行为往往是多种并购动因综合决定的结果。从我国上市并购的实践中我们也可以发现多种不同的动因引起上市公司的并购行为。不同的并购动因会产生不同的并购决策和并购后果,并购类型的决策是并购决策中最重要的而且可以量化的决策,而且不同的并购类型决策反映了不同的并购动因。因此,分析不同的并购动因和并购类型的关系,有助于我们研究并购动因和并购决策和并购后果的关系。

根据本书采用的新的并购类型的划分方法,按照并购双方的产业关系将并购划分为两种类型:相关并购和无关并购(多元化并购)。相关并购包括横向并购和纵向并购。横向并购是对竞争对手的并购,可以减少竞争对手,降低同行业的竞争程度,扩大企业的规模,实现规模经济、范围经济、管理协同效应,增强市场势力;纵向并购则通过向产业链的上下游进行扩展,可以获取稀缺的资源和客户,降低交易成本,实现协同效益和范围经济,增强市场势力。横向并购和纵向并购都可以增强企业的核心竞争能力,符合企业发展的客观需要。而本书的无关并购仅仅是纯粹的多元化,并购双方没有任何的产品技术的必然联系,虽然可以通过无关并购进入新的行业,实现公司的行业转型和发展方向的调整,实现学习曲线效应,但是公司应该选择一个相关的行业进行扩展比较好,因为进入新行业也有一定的风险,公司的行业专属的资源和公司特有的资源可能不能和新的行业共享,能不能实现生产和管理的协同效应，可能并不能实现多元化经营分散风险的目的。我们发现，在并购实践中进行多元化的企业并不一定从衰退行业进入成长性行业。这种无关多元化并购往往是由管理层的利益决定的。

因此，不同的并购动因会引起不同的并购类型决策，横向并购和纵向并购都属于相关并购，是由企业发展的客观需要引起的，而多元化并购属于无关并购，主要由管理层的个人私利引起，政府干预对并购的影响一般是从企业和产业的发展出发，因此，主要会引起相关并购。后面几章中，本书将分别从这几个方面分析引起企业选择不同并购类型的影响因素，以探析中国上市并购决策的影响因素。

第三章　公司特征与并购类型

收购方公司的特征不同，会产生不同的并购动机，有的公司为其成长获取资源而并购，有的公司为扩大市场范围而并购，而有的公司则为获取现金流而并购，并购动机将影响并购类型的选择。公司的特征综合反映了公司的竞争实力和竞争地位，处于不同的竞争地位的公司将选择不同的发展战略。并购类型的选择是公司的管理者在综合考虑内外部环境之后做出的一项战略决策。公司将根据自身的特征选择不同的并购类型：通过纵向并购对上下游企业进行兼并降低交易成本，获取关键资源和渠道；通过横向并购对竞争对手进行兼并以消除和控制对方；通过多元化并购进入其他行业扩展自己的业务范围。因此，公司特征是并购类型选择的重要影响因素，本章将从公司特征的角度研究哪些因素影响公司并购类型的选择。

公司特征应该包括全面反映公司的一系列特征，但是根据数据的可得性，仅能选择可以量化并能获取数据的特征，因此，要进行实证检验，必须选择可以量化的公司特征，公司的财务状况和公司的行业特征是并购中需要考虑的关键问题。因此，本书选用财务特征和行业特征这两个角度来分析其对并购类型的选择的影响。Melicher 和 Hempel（1971）研究认为并购双方的相对的一些特征也会对并购产生影响，比如相对规模、相对盈利能力等。但是我国上市公司并购中目标企业往往不是上市公司，目标企业的数据难以公开获得，因此，本书只从收购方的特征角度进行研究。

第一节　文献回顾

二十世纪七十年代早期，学者们开始了把财务变量作为并购可能原因的研究。早期的研究是 Melicher 和 Hempel（1971）对多元化、横向、纵向并购的公司财务特征的研究，把横向并购和纵向并购作为一类，多元化为一类，发现这两类并购的财务特征有显著差异。他们把样本分为 1958—1968 年之间的 200 个并购和 1950—1968 年之间的股票交易并购两组样本。发现第一组样本中，目标公司的 ROA、收购方的融资方式、收购方的资产规模有显著差异；第二组样本中相对的杠杆、相对的 PE 比率和收购方的规模、目标公司的 ROA 有显著差异。他们的研究表明横向并购和纵向并购这两种类型与多元化并购财务特征有明显差异。Nielsen 和 Melicher（1973）研究了 1960—1969 年之间的 128 个并购，发现有四个财务特征有显著影响：收购方的现金流比率、收购方的经营业绩、EPS、规模调整的现金流比率的变化。Mandelker（1974）研究收购方和目标公司的财务变量，他的研究证实了完全竞争市场的假设，认为并购方的股东从并购中获得的收益与其他相同风险水平的投资——生产获得的收益相同。Walking 和 Edmeister（1985）发现有下降的杠杆的公司和相对较低的价值比率的公司，有较高的要约溢价。Rhoades（1985）研究了市场份额是否是市场势力和较高的收益率的来源，检验了市场集中度、规模经济和生产差异化对收益率的影响，发现除了集中度和公司规模外，市场份额是高利润的来源。Palepu（1986）用从六个常见的公司并购可能性的假设中选取的变量，检验精确预测目标公司的可能性，变量包括无效管理假设(ROE)、资源增长不平衡假设(杠杆系数)、行业障碍假设(行业中并购的数目)、公司规模、资产低估假设(市场价值和账面价值比率)、PE 比率。Fraser 和 Kolari(1987)关注经营特征,包括利润率、流动性、债务损失。Haw, Pastena 和 Lillien(1987)研究了 1968 年到 1979 年之间 600 个样本并购前的资本结构对并购支付的影响,发现发现财务健康的公司与财务困境的公司支付的并购溢价有显著差别。而且,并不是财务健康的公司需要支付更高的溢价,而是财务不健康的公司有税收优惠,要求更高的溢价,这个发现支持了财务动机理论。Beatty, Santomero 和 Smirlock(1987)发现收购方银行有较低比例的现金,较低比例的投资和较高比例的总负债。Bruner(1988)发现用负债对总资本的比例和净负债比率衡量的资本结构和并购行为的关系。发现并购方与其他公司相比有较低的财务杠杆,而且没有证据支持并购后其财务杠杆下降,认为公司常通过并购来使其资本结构的差异发挥作用。Cheng, Gup 和 Wall(1989)研究了银行并购的财务决定因素,发现收购方的 ROE、净利润增长率、利润和总资产增长率、市场价值和账面价值比率、相对资产规模对并购后的收益有显著影响。Adkisson 和 Fraser(1990)用资本比率、现金支付比例、ROA 等研究银行并购,发现了与并购支付的金额显著的关系。Jensen(1986)认为:有较多自由现金流的公司的管理者更容易从事浪费资产的能带来私人收益但是不能增加股东财富的消费或投资(Morck, Shleifer and Vishny, 1990)。Jensen(1986)把这种选择造成的价值损失作为自由现金流的成本。Lang, Stulz 和 Walking(1991)认为有大量现金但是缺乏投资机会的公司更倾向于从事这种活动。

公司规模对并购的影响有许多研究。Moeller, Schlingemann 和 Stulz(2004)认为大的收购方的超额收益更容易为负数。规模作为并购的绩效的决定因素是因为:第一,大的公司规模可以作为收购方组织的官僚的代理变量,因此可作为收购方实施的并购的有效性的代理变量(Williamson,1985)。第二,规模可以反映收购方获得规模经济或者范围经济的程度。第三,Moeller,Schlingemann 和 Stulz(2004)的结果表明,因为规模大的收购方支付较高的溢价,因此这些公司的管理层更自负(Roll,1986),错误决策可能造成稀缺资源的生产能力下降。第四,规模大的公司可能因为其股权被高估而成为大公司,而且更可能支付股票,引起市场反应(Myers and Majluf,1984)。第五,大公司可能有更多的剩余现金流,因此,如果管理者没有被有效监管,则将会进行浪费资产的投资(Jensen,1986)。第六,Masulis,Wang 和 Xie(2006)认为,因为大的公司有更小的可能成为被收购的对象,受到更少的市场约束,因此,大公司的管理者更容易做出有利于个人的决策而不是价值创造的决策。Baker, Jensen 和 Murphy (1988),Rose 和 Shepard (1997)发现公司规模和多元化的程度影响薪酬水平,因此,管理者提高公司规模和多元化的并购将为他们带来更多好处,尽管股东财富可能下降。但是,李善民、周小春(2007)的研究发现公司规模较大的,倾向于进行相关并购,获取规模效应,而不是多元化并购。

可以发现,学者们对收购方和目标公司的财务特征与并购的收益和并购支付的金额的关系做了研究,发现收购方的财务特征和双方相对的财务比率的确影响并购收益和并购支付的金额。也有很少的研究(Melicher and Hempel, 1971)发现多元化和非多元化两种类型的并购财务特征有显著差异,但是只对总资产、ROA、是否属于重工业、是否进行股票交易等特征进行了比较,而且该研究中的多元化包含产品扩展多元化、市场扩展多元化、纯粹多元化。这三种多元化的动因和后果有显著差异,可能会对研究结果造成偏差。因此,本书将在以往研究的基础上,对并购类型进行重新界定,采用新的并购分类方法,选用公司财务特征和公司在行业中的地位两大类特征来分析影响并购类型选择的因素。公司财务特征选用负债水平、盈利能力、股东获利能力、发展能力、资产管理水平、现金流量能力、公司规模等指标。公司在行业中的地位选取公司财务指标占行业的百分比。

第二节 研究假设

Hambrick 和 Schechter(1983),Tushman 和 Romanelli(1985),Wiersema 和 Bantel(1992)认为并购前的业绩对管理者的战略决策有影响,并购前的业绩影响公司的并购决策。公司的财务特征可以引起不同的并购动因影响对并购类型的选择。

资产负债率会对并购战略产生影响。资产负债率较高说明公司的负债比例较高,从代理理论的角度来看,Jensen(1986)发现债务融资可以减少经理人控制自由现金流进行多元化并购的代理成本,从而避免经营效率的降低。债务融资会加大对管理层的约束,减少经理人可支配的自由现金流,无法进行多元化并购。负债水平越高的公司受到债权人的约束越大,因此,越容易选择相关并购,而负债水平低的公司受到债权人的约束比较小,因此,可能更容易用控制的自由现金流进行多元化并购。但是 Roll(1986)则认为管理层过度自信容易引起多元化并购,资产负债率较高则表明公司在财务政策上比较激进,财务风险较大,管理者对风险的承受能力比较强,属于风险偏好型的管理者,由于冒进而进行多元化的可能性较大。资产负债率低的公司在财务政策上比较保守,管理者对风险比较厌恶，可能不会冒进多元化，会进行相关并购。洪道麟等（2006）、巫景飞等（2008）认为由于两种理论的解释不一致，因此，资产负债率对并购的影响可能会产生相反的效果。

基于以上分析，我们提出假设1：公司的负债水平对并购类型的影响不确定。

公司的盈利能力是公司的重要财务指标，是公司在一定时期内赚取利润的能力。公司的盈利能力越强，表明公司获取利润的能力越强，也表明公司处于发展良好的阶段。而且，公司的盈利能力越强，表明公司的管理能力越强。股东获利能力也是盈利能力的一个部分。Lang，Stulz 和 Walking（1989，1991），Servaes（1991）认为管理者的质量会反映并购的收益，而代表管理者质量的变量是托宾 Q。而 Moeller，Schlingemann 和 Stulz（2004），Masulis，Wang 和 Xie（2006）发现托宾 Q 与并购收益二者负相关。Cheng，Gup 和 Wall（1989）研究了银行接管的财务影响因素，发现收购方的 ROE、净利润增长，盈余和总资产增长、市场账面价值比率比较显著。以往的研究认为横向并购和纵向并购往往会获得经营协同效应和管理协同效应，多元化并购获得财务协同效应，而且多元化并购能增强管理层对资源的控制能力。根据并购的管理协同效应理论，企业并购的动因在于并购企业和目标企业之间在管理效率上的差异，因此，盈利能力越强的公司，管理效率越高，并购时越倾向于选择相关并购，盈利能力强才有实力通过吞并竞争对手进行横向并购，也可能向上下游进军扩展自己的价值链进行纵向并购。而盈利能力差的公司，则可能通过多元化并购增强管理层的资产控制能力，以避免股东更换管理者。Boeker（1997）的研究发现较差的业绩使高管特征和战略变化的关系温和，提高了战略变化的可能性。公司盈利比较差时，则公司战略容易变化，更容易进行多元化并购。

基于以上分析,我们提出假设 2:盈利能力强的公司倾向于选择相关并购,盈利能力差的公司倾向于选择多元化并购。

发展能力是公司不断壮大的潜在能力,公司的发展能力越强,说明公司处于成长阶段,管理效率高,有丰富的资源和实力并购。马克斯、威廉姆森等认为经理的主要目标是公司的发展,并认为已接受“增长最大化”的思想而且迅速发展的公司最容易产生并购行为。Cheng, Gup 和 Wall(1989)研究了银行并购的财务决定因素,发现收购方的净利润增长率、利润和总资产增长率对并购后的收益有显著影响。姚益龙等(2009)的研究发现,处于不同成长阶段的公司的不同并购类型绩效不同。公司的发展能力和成长性对并购的绩效有显著影响。公司的发展能力越强,管理效率越高,在选择并购战略和并购类型时,公司管理层会选择有利于公司发展和股东价值的相关并购;而公司的发展能力越差,公司处于成熟或者衰退阶段,公司的管理效率也比较低,则公司可能管理层选择无关多元化并购,增强资源控制能力或者进入新的行业。

基于以上分析,我们提出假设 3:发展能力强的公司倾向于选择相关并购,发展能力差的公司倾向于选择多元化并购。

资产管理水平反映了公司的管理效率,管理效率越高,资产的管理水平越高,管理效率越低,资产管理水平越低。资产周转率越高,说明企业的资产管理效率越好,企业的管理水平越高,资产利用率高,会增强企业的获利能力。因此,资产周转率高的公司将选择进行横向并购或者纵向并购,增强公司价值。资产周转率低,则说明企业的资产管理效率差,企业的管理水平低,资产利用率低,会减弱企业的获利能力。资产周转率低的公司可能会通过多元化并购来转向新的行业,或者控制更多的资产来增强管理层的控制权。

基于以上分析,我们提出假设4:资产管理水平高的企业选择相关并购,资产管理水平低的企业选择无关并购。

公司的现金流量指标比利润指标更客观,不容易操纵,从现金流的角度表明了公司的盈利能力和盈利水平。经营活动现金净流量水平越高,表明公司的现金获取能力越强,现金净流量的水平越高,表明公司的现金越充裕,每股现金流量则剔除了公司规模对现金流量的影响。现金流量高的公司盈利能力也强,根据前面的假设2,我们也可以推断现金流量高的公司会选择相关并购,现金流量低的公司选择多元化并购。而自由现金流是公司可以自由控制的现金流量,根据Jensen(1986)的理论,自由现金流量越高,公司的管理层越容易进行多元化而减少自由现金流。

基于以上分析,我们可以提出假设5:经营活动现金净流量与现金净流量高的公司容易选择相关并购,经营活动现金净流量和现金净流量低的公司容易选择多元化并购。自由现金流量高的公司容易选择多元化并购。

Moeller,Schlingemann和Stulz(2004)的研究表明公司规模对并购的绩效有显著的影响。Melicher和Hempel(1971)、李善民、周小春(2007)发现规模较大的公司容易选择相关并购,规模小的公司容易选择多元化并购。公司的规模越大,在市场竞争中越有可能处于有利地位,公司的营业收入、资产等在绝对数值和相对于其他公司的数值上都比较有优势。因此,才可能有实力吞并竞争对手,进行横向并购。而公司的规模大到一定程度,已经超过了规模经济的范围时,则可能对产业链上关键的上下游企业进行并购,以降低交易成本,控制关键资源,增强本企业的控制力。Fredrickson和Iaquinto(1989)认为大的公司规模与战略决策过程的综合性相联系。Child（1972）认为公司规模影响组织的决策制定框架。Dean 和 Sharfman(1993)、Hickson 等(1986)则认为公司规模不影响战略决策过程。Williamson(1963)年提出的“管理自主模式”认为:经理人员有扩大职员、企业规模的倾向,以给经理人员带来更高的收入、权力、地位。规模相对较小的公司,管理层有扩张规模的冲动,但是往往不具备吞并竞争对手的实力,对上下游公司的控制力也比不上竞争对手,因此,更有可能选择无关行业进行多元化并购。

基于以上分析,我们提出假设 6:公司的规模越大,公司越容易进行相关并购;公司的规模越小,越容易进行无关多元化并购。

而同一行业中,市场占有率往往代表企业在同行业中的地位,市场占有率高的企业在行业中也处于优势地位。市场占有率指标有销售量占有率和销售额占有率两类,因为销售数量数据难以获得,因此可以用营业收入占本行业的营业收入的百分比来表示市场占有率。市场占有率高的企业其利润并不一定高,所以选取利润指标占本行业的百分比,考查公司在行业中的盈利能力。选取总资产占本行业的比重表示公司控制资源的能力和份额。选取现金流量占本行业的比重表示本企业现金流的水平,反映本企业的财务状况。在行业中处于不同地位的公司会根据公司的情况和在行业中的地位选择不同的并购战略,一般来说,在行业中处于优势地位的公司将更可能选择横向并购或者纵向并购,而在行业中处于弱势地位的公司将选择多元化并购,进入新的行业,寻求新的发展机会。

基于以上分析,我们提出假设 7:公司在行业中所占的百分比越大,越容易进行相关并购,公司所在行业百分比越小,越容易进行多元化并购。

第三节　数据与变量

一、数据与样本

样本选择区间是我国上市公司2001—2009年之间的数据。

并购类型的样本,从Wind数据库中并购事件数据中整理,选择符合以下标准的数据:(1)并购活动已经完成。(2)当年仅发生过一次并购。(3)收购方是2001年以前上市的A股公司(包括既发行A股,又发行B股和H股的公司)。(4)一年内对同一公司进行的多次并购视同一次并购。(5)剔除上市公司属于金融行业的数据。

以往的研究在并购类型的划分中,有的按照并购双方的行业代码来划分,不属于同一行业代码的为多元化并购,属于同一行业代码的为同业并购(Montgomery, 1982;Harrison et al,1991;洪道麟等,2006;李善民等,2007;刘笑萍等,2009)。Ramanujam和Varadarajan (1989)认为并购类型的划分方法的选择取决于研究问题。李善民等(2007)把相关并购定义为"收购公司和目标公司属于同一大类,或属于C类制造业中同一小类",但是这样的划分也存在问题,收购公司和目标公司虽然不属于同一行业,但是可能是上下游企业的关系,它们之间的并购应该划分为纵向并购,但是按照李善民等(2007)的划分,则划分成多元化并购。

因此,本书对并购类型的处理采用不同的方法。需要强调的是并购类型的划分方法和处理过程。

首先,对Wind数据库中的并购事件进行筛选,选取2001—2009年之间完成的并购事件。然后剔除以下样本:(1)一年内发生多次并购的样本。(2)收购方不是上市公司的样本。(3)收购方属于金融行业的样本。(4)债务重组的数据。(5)对一年内对同一家公司的多次并购合并视同一次并购。

其次,对样本进行手工整理。Wind 数据库中有买方公司的行业数据和卖方公司的行业数据,但是收购标的往往和卖方公司不一致,许多标的是卖方公司持有的股权或者资产。比如,2009 年,上市公司中金岭南(000060)收购广东粤能(集团)有限公司持有的韶关市粤能聚福储运有限公司 100%的股权。收购方是中金岭南,属于制造业中金属和非金属行业,卖方公司是属于广东粤能(集团)有限公司,也属于金属和非金属行业,但是标的方是韶关市粤能聚福储运有限公司,则属于仓储业。标的方和出让方不属于同一个行业。因此,我们认真阅读收购公告,明确目标公司,然后查询、确定目标公司的行业。

最后,划分并购类型。如果收购方和目标公司行业代码属于同一大类或者属于 C 类制造业中同一小类,则划分为横向并购。如果双方虽然不属于同一类别,但是双方行业有上下游关系,则界定为纵向并购。如果双方所处行业或者生产经营没有必然联系,则属于多元化并购。横向并购和纵向并购都属于相关并购,多元化属于无关并购。比如 2007 年柳化股份收购贵州安能工矿有限责任公司持有的新益矿业 90%的股权,柳化股份属于 C43 化学原料及化学制品制造业,而新益矿业属于 B 采掘业,虽然柳化股份与新益矿业不属于同一行业,但是因为煤炭是柳化股份的主要原料,这次收购是向上游企业进行的收购,应该属于纵向并购,属于相关并购的类型。只有双方行业完全无关的,才属于多元化并购。比如,深圳机场收购南方证券股份有限公司持有的南方基金公司的股权,深圳机场属于 F 交通运输、仓储业,而标的方南方基金公司属于金融业,这两个行业之间没有必然联系,属于无关并购。

负债水平、盈利能力、发展能力、资产管理水平、规模等财务指标数据选用了国泰安数据库中的数据。公司占行业百分比数据选用 Wind 数据库中的数据。为了避免内生性,财务变量指标选用并购前一年的数据。

二、模型与变量

1.回归模型

在以往研究的基础上,本书设定如下回归模型,进行 Logit 回归。模型的左边是并购类型,右边是可能影响并购类型的几类变量和控制变量。解释变量分为负债水平、盈利能力、发展能力、资产管理水平、现金流量、规模、行业百分比几类指标,每个类别选取几个指标。

$$Mtype=\beta_0+\beta_1\text{负债水平}+\beta_2\text{盈利能力}+\beta_3\text{发展能力}+\beta_4\text{资产管理水平}+\beta_5\text{现金流量}+\beta_6\text{规模}+\beta_7\text{行业百分比}+\beta_8 controlvarables_i+\varepsilon$$

在研究过程中,首先对表示负债水平、盈利能力、发展能力、资产管理水平、现金流量、规模、行业百分比每个组的每个变量进行单独回归,然后再从每个组选择一个变量,放进模型中进行多变量回归。

2.变量设定

模型中的变量定义如下:

(1)被解释变量

Mtype 是被解释变量,代表公司并购类型。按照上面的并购类型分类方法,把并购分为两类,相关并购和无关并购(多元化并购)。相关并购取值为 1,多元化并购取值为 0。

(2)解释变量

负债水平变量选取资产负债率、负债结构、资产负债率增长率三个指标,用来检验假设 1。

盈利能力变量选取净资产收益率 ROE、总资产收益率 ROA、托宾 Q、每股收益 EPS 四个指标，用来检验假设 2。

发展能力变量选取公司资本积累率、总资产增长率、EPS 增长率、ROE 增长率、ROA 增长率、净利润增长率六个指标，用来检验假设 3。

资产管理水平选取流动资产周转率、固定资产周转率和总资产周转率三个指标，用来检验假设 4。

现金流量能力选择公司经营活动现金净流量、现金净流量、每股经营活动现金净流量、每股现金净流量、自由现金流量等指标，用来检验假设 5。

公司规模选取营业收入、总资产、公司市场价值等指标，用来检验假设 6。

公司在行业中处的地位用营业收入占行业百分比、净利润占行业百分比、总资产占行业百分比、现金净流量占行业百分比指标来表示，用来检验假设 7。

（3）控制变量

Controller 表示公司的实际控制人类别，国有控股股东取值为 1，非国有股东取值为 0。我国上市公司国有控股占主导地位，国有股控股的上市公司大股东不能有效监督，而且行政干预比较多，因此，并购决策可能与非国有控股的公司不同。因此，把实际控制人的性质作为控制变量。

Director 表示董事会规模，用董事会的总人数表示。

Idrate 表示独立董事比例，用独立董事人数与董事会总人数之比表示。

Cen1 表示第一大股东持股比例，股权集中度反映了大股东对公司的控制，大股东的控制能力越强，越容易影响公司的决策。因此，把股权集中度作为控制变量，选取第一大股东的持股比例代表股权集中度。

Industry 为行业虚拟变量，行业界定参照中国证监会 2001 年发布的《上市公司行业分类指引》，因为已经剔除金融行业，所以设置 11 个虚拟变量。

Year 是年度虚拟变量，以 2001 年为基准，设置 8 个虚拟变量。

变量的具体定义如表 3—1 变量定义表所示：

表 3—1　公司特征变量定义表

变量类别	变量符号	变量名称	变量定义
	Mtype	并购类型	0 为无关并购（多元化并购），1 为相关并购
负债水平	Debt	资产负债率	负债总额/资产总额
	Dstructure	负债结构	流动负债/总负债
	Debtgrowth	资产负债率增长率	本年资产负债率减去上一年资产负债率
盈利能力	Roe	净资产收益率	净利润/股东权益
	Roa	总资产收益率	净利润/总资产余额
	Tobinq	托宾 Q	（股权市值+净债务市值）/ 期末总资产
	Eps	每股收益	每股收益=净利润/总股数
发展能力	Capital	资本积累率	（期末股东权益-期初股东权益）/期初股东权益
	Tagrowth	总资产增长率	（期末总资产-期初总资产）/期初总资产
	Epsgrowth	EPS 增长率	（本期每股收益-期初每股收益）/期初每股收益
	Negrowth	净利润增长率	（本期净利润-期初净利润）/期初净利润
	Roegrowth	ROE 增长率	（本期 ROE-期初 ROE）/期初 ROE
	Roagroeth	ROA 增长率	（本期 ROA-期初 ROA）/期初 ROA

续表

变量类别	变量符号	变量名称	变量定义
资产管理水平	Cturnover	流动资产周转率	营业收入/流动资产平均占用额
	Fturnover	固定资产周转率	营业收入/固定资产平均净额
	Tturnover	总资产周转率	营业收入/平均资产总额
现金流量能力	Ocash	经营活动现金净流量	经营活动产生的现金流入-流出
	Ncash	现金净流量	现金及等价物净增加额
	Ocps	每股经营活动现金净流量	经营活动现金净流量/总股数
	Ncps	每股现金净流量	现金净流量/总股数
	Fcash	自由现金流量	(净利润 + 非现金支出)-营运资本追加-资本性支出-债务本金偿还+新发行债务
公司规模	Revenue	营业收入	利润表中的营业收入
	Tasset	总资产	资产负债表中的总资产
公司在行业中的地位	Rrratio	营业收入占本行业百分比	公司营业收入/本行业营业收入总额
	Npratio	净利润占本行业百分比	公司净利润/本行业净利润总额
	Taratio	总资产占本行业百分比	公司总资产/本行业资产总额
	Ncratio	现金净流量占本行业百分比	公司现金净流量/本行业现金净流量总额

续表

变量类别	变量符号	变量名称	变量定义
控制变量	Controller	实际控制人类别	国有控股股东取值为1,非国有股东取值为0
	Director	董事会规模	董事会的总人数
	Idrate	独立董事比例	独立董事人数与董事会总人数之比
	Cen1	股权集中度	第一大股东持股比例
	Industry	行业虚拟变量	根据证监会划分13个行业,剔除金融行业,所以设置11个虚拟变量
	Year	年度虚拟变量	以2001年为基准,设置8个虚拟变量

三、描述性统计

1.描述性统计

表3—2　公司特征变量描述性统计表

变量	观测值	均值	中位数	最小值	最大值	标准差
Mtype	1547	0.8138	1	0	1	0.3894
Debt	1520	0.5178	0.5159	0.0823	1.5341	0.2129
Dstructure	1516	0.8491	0.9144	0.3064	1	0.1728
Debtgrowth	1519	0.0756	0.0267	−0.6031	2.153	0.3748
Flev	1376	1.6053	1.2198	−0.7524	10.1006	0.1792
Roe	1493	0.0693	0.0761	−1.046	0.5317	0.0717
Roa	1521	0.0376	0.0372	−0.2932	0.2381	1.6024

续表

变量	观测值	均值	中位数	最小值	最大值	标准差
Tobinq	1526	2. 182	1. 5986	0. 8138	10. 2423	0. 4262
Eps	1530	0. 2374	0. 2	-1. 3986	1. 7536	0. 5446
Capital	1536	0. 2168	0. 0708	-0. 7903	2. 8577	0. 3873
Tagrowth	1563	0. 21174	0. 1169	-0. 4224	2. 2814	5. 711
Epsgrowth	485	0. 3935	-0. 0588	-25. 4	34	7. 9
Negrowth	1137	0. 3707	-0. 0231	-43. 092	36. 44721	10. 1842
Roegrowth	1482	-0. 3378	-0. 0602	-26. 8526	10. 842	3. 5467
Roagroeth	1521	-0. 2248	-0. 0652	-23. 2489	10. 759	1. 1813
Cturnover	1516	1. 5201	1. 1886	0. 0709	6. 318	11. 9283
Fturnover	1390	5. 4558	2. 2374	0. 1459	92. 5753	0. 5503
Tturnover	1516	0. 7036	0. 5684	0. 028	3. 1058	1. 3825
Ocash	1370	75997. 16	8931. 239	-512695. 5	2. 11E+07	739246. 9
Ncash	1374	8969. 036	802. 5385	-92693. 6	319296. 5	46137. 03
Ocps	1532	0. 3808	0. 2807	-4. 3791	25. 3958	1. 0369
Ncps	1532	0. 1780	0. 0231	-3. 8069	22. 4613	1. 0303
Fcash	1430	-1490000000	-2. 40E+08	-6. 28E+11	8810000000	21100000000
Revenue	1373	287299. 8	97507. 35	1329. 022	4341061	619095. 4
Tasset	1374	410603. 3	184807	16881. 16	6148920	796061
Rrratio	1373	0. 6494	0. 1158	0. 0015	10. 9982	1. 5735
Npratio	1374	0. 9008	0. 1136	-12. 6853	30. 1344	4. 491
Taratio	1374	0. 7023	0. 1562	0. 0063	10. 9057	1. 5778
Ncratio	1374	1. 5793	0. 0407	-33. 6523	65. 2682	10. 4514
Controller	1503	0. 6234	1	0	1	0. 4847
Director	1510	9. 5093	9	2	19	2. 118

续表

变量	观测值	均值	中位数	最小值	最大值	标准差
Idrate	1510	0.3192	0.3333	0	0.6	0.1065
Cen1	1372	0.3945	0.3786	0.0997	0.7647	0.1644

根据表3—2描述性统计表的结果，可以发现：

(1)表示并购类型的变量的均值是0.8138，中位数是1，表明上市公司并购中相关并购比例比较高，多元化并购比例比较低。

(2)收购方的资产负债率平均为51.78%，表明收购方公司的负债水平比较高。而在总负债中，流动负债比例平均高达84.91%，流动负债较多。资产负债率平均比上年增长7.56%，资产负债率处于上升水平。一般的上市公司都是负债经营，有财务风险，而且不同的公司财务风险差异很大。

(3) ROE的均值为0.0693，标准差为0.0717，最小值为-1.0461，最大值为0.5317，说明不同的公司ROE差异较大；ROA的均值为0.0376，标准差为1.6024，最小值为-0.2932，最大值为0.2381，不同的公司ROA差异较大。托宾Q的均值和中位数均大于1，标准差比较大。每股收益EPS均值为0.2374元，最大值为1.7536元，最小值为-1.3986元，标准差为0.5446元，不同的公司EPS波动比较大。

(4)资本积累率Capital均值为0.2168，最小值为-0.7903，最大值为2.8577，标准差为0.3873，公司之间资本积累率变动较大。总资产增长率的均值是0.21174，标准差是5.711，公司之间总资产增长率变化较大。EPS增长率均值是0.3935，标准差是7.9，公司之间EPS增长率变化大，而且由于数据缺失，EPS增长率的观察值仅为485个。净利润增长率的均值是0.3707，而中位数是

-0.0231，标准差是 10.1842，可见虽然样本中上市公司净利润平均增长，但是利润下降的公司较多，不同公司之间利润增长差异较大。ROE 增长率均值是-0.3378，中位数是-0.0602，ROA 增长率均值是-0.2248，中位数是-0.0652，可见 ROE 和 ROA 呈下降趋势。

(5)流动资产周转率的均值是 1.5201，中位数是 1.1886，最小值是 0.0709，最大值是 6.318，标准差是 11.9283，不同上市公司之间的流动资产周转率差异较大。固定资产周转率的均值是 5.4558，中位数是 2.2374，最小值是 0.1459，最大值是 92.5753，标准差是 0.5503，不同的上市公司之间的固定资产周转率差异较大，总体来说固定资产周转率比流动资产周转率大。总资产周转率的均值是 0.7036，0.5684，表明大部分公司总资产周转率小于 1 次，最小值是 0.028，最大值是 3.1058，标准差是 1.3825，说明不同公司总资产周转率差异较大。从描述性统计可以看出，上市公司整体的资产管理效率不是很高，公司之间差异比较大。

(6)公司经营现金净流量、现金净流量、每股经营现金净流量、每股现金净流量在不同的公司都有较大的差异。自由现金流量的均值是负数，中位数也是负数，说明公司自由现金流量不足。

(7)公司营业收入的均值是 287299.8 万元，中位数是 97507.35 万元，最小值是 1329.022 万元，最大值是 4341061 万元，标准差是 619095.4 万元，不同公司营业收入的差异较大。公司总资产不同的上市公司差异也比较大。

(8)公司占行业百分比变量的均值比较大，但是中位数都在 11%左右，说明收购方公司在行业中处于比较重要的地位。有的在行业中的百分比是负值，因为其利润和现金流量为负数。行业内公司之间差异较大。

2.相关系数

表3—3　公司特征与并购类型相关系数表

Panel A 负债水平与并购类型									
	Mtype	Debt	Dsrtucture	Debtgrowth					
Mtype	1								
Debt	-0.0265	1							
Dstructure	-0.0481*	-0.0597**	1						
Debtgrowth	-0.0127	0.1766***	-0.0338	1					
Panel B 盈利能力与并购类型									
	Mtype	Roe	Roa	Tobinq	Eps				
Mtype	1								
Roe	0.0368	1							
Roa	0.0791***	0.8604***	1						
Tobinq	0.0334	0.1807***	0.1926***	1					
Eps	0.0921***	0.7651***	0.8273***	0.1377***	1				
Panel C 发展能力与并购类型									
	Mtype	Growth	Capital	Tag	Epsg	neg	roegrowth	roagrowth	
Mtype	1								

续表

Panel C 发展能力与并购类型									
	Mtype	Growth	Capital	Tag	Epsg	neg	roegrowth	roagrowth	
Growth	0.0415	1							
Capital	0.0427*	0.4924	1						
Tag	0.048*	0.3821***	0.7199***	1					
Epsg	−0.0621	0.0349	0.1298***	0.0636	1				
Neg	−0.001	0.0212	0.1345***	0.1051***	0.854***	1			
Roegrowth	−0.022	0.1348	0.0988	0.0734	0.319	0.3455	1		
Roagrowth	0.0015	0.1615	0.1298	0.092	0.2047	0.2593	0.4681	1	
Panel D 资产管理能力与并购类型									
	Mtype	Cturnover	Fturnover	Tturnover					
Mtype	1								
Cturnover	0.0867***	1							
Fturnover	0.0073	0.0843**	1						
Tturnover	0.0841***	0.7758***	0.2809***	1					

续表

Panel E 现金流量能力与并购类型									
	Mtype	Ocash	Ncash	Ocps	Ncps	Fcash			
Mtype	1								
Ocash	0.0362	1							
Ncash	0.0353	0.2513	1						
Ocps	0.0634**	0.0858	0.1178	1					
Ncps	0.0392	0.0157	0.1919	0.5361	1				
Fcash	−0.0156	−0.7592	0.2517	−0.023	−0.005	1			
Panel F 规模与并购类型									
	Mtype	Revenue	Tasset						
Mtype	1								
Revenue	0.0909***	1							
Tasset	0.0925***	0.8327***	1						

续表

Panel G 行业地位与并购类型									
	Mtype	Rrratio	Npratio	Taratio	Ncratio				
Mtype	1								
Rrratio	0.0117	1							
Npratio	0.0057	0.4359	1						
Taratio	0.0129	0.8791	0.4719	1					
Ncratio	0.0477	0.2896	0.1662	0.2942	1				

注：***、**、*分别表示在1%、5%、10%水平上显著。

从表3—3可以看出：

(1)从Panel A负债水平与并购类型的相关系数可以看出，仅有负债结构在10%的水平上与并购类型显著负相关，资产负债率和资产负债率增长率与并购类型负相关，但是不显著。

(2)从Panel B盈利能力与并购类型的相关系数可以看出，ROE与并购类型正相关，但是不显著；ROA与并购类型选择正相关，而且在1%的水平上显著。说明在并购决策时，公司更关注包括股东权益和债务的总资产的利用效率，而不是特别关注股东权益的利用效率。可能是因为ROA这个指标更能体现公司管理层运用股东和债权人出资所形成资产的获得能力，或运用全部资本的效率，所以并购决策时更倾向于考虑ROA的因素。托宾Q与并购类型的相关不显著；EPS(每股收益)与并购类型在1%水平上显著正相关。

(3)从Panel C发展能力与并购类型的相关系数可以看出，资本积累率与并购类型在10%水平上显著正相关。固定资产增长率与并购类型负相关，但是不显著。总资产增长率与并购类型在10%水平上显著正相关。EPS增长率与并购类型显著负相关。ROE增长率、净利润增长率与并购类型负相关，但是不显著。ROA增长率与并购类型正相关。

(4)从Panel D资产管理能力与并购类型的相关系数可以看出，流动资产周转率与并购类型在1%的水平上显著相关。固定资产周转率与并购类型正相关，但是不显著。总资产周转率与并购类型在1%水平上显著正相关。

(5)从Panel E现金流量能力与并购类型的相关系数可以看出，每股营业现金流量净额与并购类型在5%水平上与并购类型显著正相关。现金净流量、经营活动现金净流量、每股现金净流量与并购类型正相关，自由现金流量与并购类型负相关。

（6）从 Panel F 规模与并购类型的相关系数可以看出，营业收入与并购类型在 1%的水平上显著正相关。总资产与并购类型在 1%的水平上显著正相关。

（7）从 Panel G 行业地位与并购类型的相关系数可以看出，营业收入占行业百分比、净利润占行业百分比、总资产占行业百分比、现金净流量占行业百分比与并购类型正相关，但是不显著。

第四节　实证结果

一、负债水平对并购类型的影响

表 3—4　资产负债水平与并购类型回归结果表

	（1）资产负债率		（2）负债结构		（3）负债率增长	
	系数	Z 值	系数	Z 值	系数	Z 值
截距项	-0.2642	-0.32	0.0109	0.01	-0.1128	-0.14
Debt	0.1426	0.4				
Dstructure			-0.1997	-0.39		
Debtgrowth					-0.2581	-1.42
Controller	0.3454	2.11**	0.3477	2.12**	0.3500	2.14**
Director	0.0685	1.75**	0.0664	1.69*	0.0653	1.67*
Idrate	-1.0480	-0.76	-1.1162	-0.8	-1.0734	-0.78
Cen1	1.4094	2.73***	1.4259	2.76***	1.3736	2.66***
Year	控制		控制		控制	
Indusrty	控制		控制		控制	
观测值	1314		1312		1313	
Lrchi2( )	72.23		71.51		74.07	

续表

	(1)资产负债率		(2)负债结构		(3)负债率增长	
	系数	Z 值	系数	Z 值	系数	Z 值
Pseudo R2	0.0591		0.0587		0.0606	
Log Likelihood	-574.8444		-573.2744		-573.7347	

注：***、**、* 分别表示在 1%、5%、10%水平上显著，皆为双尾检验。

对负债水平的相关变量进行逐步回归，结果如表 3—4 所示，资产负债率的系数是 0.1426，与并购类型正相关，但是 Z 值是 0.4，不显著相关。负债结构的系数是-0.1997，Z 值是-0.39，与并购类型不显著负相关。资产负债率的增长率的系数是-0.2581，Z 值是-1.42，与并购类型不显著负相关。实证结果表明，公司在进行多元化还是相关并购的决策时，资产负债率、负债结构和资产负债率增长率对并购类型的选择没有显著影响。该分析对以往的研究认为收购方通过并购来改变自身的资本结构来实现财务协同效应的假设没有提供支持。可能由于代理成本和管理者过度自信两种因素互相作用，消除了负债水平对并购类型选择的影响。

二、盈利能力对并购类型的影响

表 3—5 盈利能力与并购类型回归结果表

	(1)ROE		(2)ROA		(3)托宾 Q		(4)每股收益	
	系数	Z 值	系数	Z 值	系数	Z 值	系数	Z 值
截距项	0.1297	0.16	0.0078	0.01	-0.4896	-0.6	-0.0041	-0.01
Roe	0.5685	1.39						

续表

	(1)ROE		(2)ROA		(3)托宾Q		(4)每股收益	
	系数	Z值	系数	Z值	系数	Z值	系数	Z值
Roa			2. 5771	2. 5**				
Tobinq					0. 1389	2. 02**		
Eps							0. 3933	2. 04**
Controller	0. 4178	2. 52***	0. 3710	2. 26**	0. 3702	2. 25**	0. 3556	2. 17**
Director	0. 0630	1. 58	0. 0631	1. 61*	0. 0779	1. 98**	0. 0620	1. 58
Idrate	-2. 0103	-1. 38	-1. 3408	-0. 98	-1. 1405	-0. 82	-1. 2731	-0. 93
Cen1	1. 2278	2. 34**	1. 2024	2. 3**	1. 3813	2. 67***	1. 2546	2. 41**
Year	控制		控制		控制		控制	
Indusrty	控制		控制		控制		控制	
观测值	1289		1315		1311		1315	
Lrchi2()	78. 38		78. 21		75. 96		76. 32	
Pseudo R2	0. 0652		0. 064		0. 0622		0. 0624	
Loglikelihood	-562. 2962		-572. 04992		-572. 4032		-572. 9932	

注：***、**、*分别表示在1%、5%、10%水平上显著，皆为双尾检验。

对盈利能力的相关变量进行逐步回归，结果如表3—5所示，我们可以发现：

1.ROE的回归系数是0. 5685，Z值是1. 39，表明并购前一年的ROE与并购类型的选择不显著相关。根据并购的管理协同效应理论，企业并购的动因在于并购企业和目标企业之间在管理效率上的差异，而ROE仅反映对股东权益的运用效率，不能反映管理层的整体的效率。所以，ROE对并购类型的选择没有显著影响。

2.ROA的系数为2. 5771，ROA与并购类型在5%的显著性水平上正相关,ROA 越高的公司,越容易选择相关并购,ROA 越低的公司,越容易选择多元化并购。ROA 越高,表明公司的总资产的利用效率越高,反映了公司管理层的管理水平越高,管理水平高的公司选择相关并购,管理水平低的公司选择无关多元化并购。因此,管理水平高的公司越倾向于选择能给公司带来价值的相关并购,管理水平低的公司则选择不能给企业带来价值的多元化并购。

3.托宾 Q 的系数为 0. 1389,Z 值是 2. 02,与并购类型在 5%的水平上显著正相关,托宾 Q 值越高的公司越容易进行相关并购,托宾 Q 值越低的公司越容易进行多元化并购。与 Lang, Stulz 和 Walking(1989)等的研究一致,托宾 Q 值越高,表明公司管理水平越高,公司管理者越倾向于对公司价值创造有好处的相关并购,而托宾 Q 值低,则表明公司管理水平低,公司管理者可能会选择损害公司价值的无关多元化并购给管理者自己带来好处。

4.每股收益的系数为 0. 3933,Z 值是 2. 04,与并购类型在 5%的水平上显著正相关。因为每股收益表明股东的获利能力,每股收益高表明股东的获利能力强,表明公司的资产获利能力强,表明公司的管理水平高。因此每股收益高的公司倾向于选择能给公司带来价值增值的相关并购,每股收益低的公司则公司获利能力差,公司管理水平低,则可能选择无关多元化并购。

总之,选取的盈利能力的四个指标都与并购类型的选择正相关,盈利能力越强的公司,越容易选择相关并购,盈利能力越差的公司,越容易选择无关多元化并购。

三、发展能力对并购类型的影响

对发展能力的相关变量进行逐步回归,结果如表 3—6 所示,我们可以发现：

1.资本积累率与并购类型回归的系数为0.5729，Z值是3.14，资本积累率与并购类型在1%的水平上显著正相关。资本积累率高的公司选择相关并购，资本积累率低的公司选择多元化并购。因为，资本积累率即股东权益增长率，是企业本年所有者权益增长额同年初所有者权益的比率。资本积累率表示企业当年资本的积累能力，是评价企业发展潜力的重要指标。资本积累率高，表明公司发展潜力大，发展能力强，管理水平高，公司可以选择横向并购和纵向并购扩张。而资本积累率低的公司，则公司发展潜力差，可能通过多元化并购进行公司业务转型，转向发展潜力大的行业，而且管理水平差的公司，可能通过多元化并购选择对公司价值有害但是对管理者本身有利的并购。

2.总资产增长率的系数为0.6391，Z值是2.72，总资产增长率与并购类型在1%的水平上正相关，总资产增长率高，则公司选择相关并购，总资产增长率低，则选择无关多元化并购。总资产增长率表明公司资产增长的速度，总资产增长率越高，公司规模扩张越快，表明公司处于发展阶段。总资产增长率高，公司处于成长阶段，将选择横向并购或纵向并购提高公司的价值，保持公司的增长。而总资产增长率低的公司，则处于成熟期或者衰退期，将选择多元化转换公司的发展方向。

3. 每股收益增长率的系数为-0.0203，Z值是-0.88，每股收益与并购类型负相关，但是不显著。每股收益增长率表明公司股东获利能力的增强程度，股东获利能力增强，但是公司并购时管理者可能不站在股东角度，而是考虑自身利益和整个公司资产的状况，因此，每股收益增长率与并购类型选择不显著相关。

4.净利润增长率的系数为 0.0050,Z 值是 0.49,净利润增长率与并购类型正相关,但是结果不显著。净利润增长率表明企业经济效益增长的速度,净利润增长率高的企业一般处于发展阶段,公司的管理水平高,公司并购时将选择相关并购;净利润增长率低甚至下降的公司处于衰退阶段,公司的经营出现困难,公司可能选择多元化并购转向其他行业,公司管理层也可能通过多元化并购扩大资产控制的规模,增强自己的控制能力。但是结果不显著可能表明公司管理层并购决策时主要考虑公司的资产状况而非利润情况。

5.ROE 增长率的系数为 0.0079,Z 值是 0.43,ROE 增长率与并购类型正相关,但是不显著。ROE 增长率表明净资产收益率的变化,公司的股权资产的盈利能力的增长与并购类型的选择不显著相关,可能表明公司管理层并购时不考虑股东的利益,而站在自身利益角度。

6.ROA 增长率的系数为 0.0038,Z 值是 0.19,ROA 增长率与并购类型正相关,但是结果也不显著。在前面章节我们发现 ROA 与并购类型显著正相关,公司在并购时,考虑了本公司的 ROA,但是可能并购是一项长期战略决策,并一定带来短期 ROE 的增长,因此,可能并购时主要考虑现在的 ROE 水平,而非 ROE 的增长情况。

综合起来,公司的发展能力对并购类型的选择有影响,主要是资本积累率和总资产增长率对并购类型有显著影响,而每股收益增长率、净利润增长率、ROE 增长率和 ROA 增长率对并购类型的选择没有显著影响。表明公司在并购类型选择时,更注重考虑本公司的资产增长情况,对利润增长情况和盈利能力的增长情况不太重视。

表 3—6　发展能力与并购类型回归结果表

	(1)资本积累率		(2)总资产增长率		(3)EPS 增长率		(4)净利润增长率		(5)ROE 增长率		(6)ROA 增长率	
	系数	Z 值	系数	Z 值	系数	Z 值	系数	Z 值	系数	Z 值	系数	Z 值
截距项	−0.1573	−0.19	−0.1564	−0.19	0.2038	0.12	0.4660	0.47	0.1287	0.15	−0.1645	−0.2
Capital	0.5729	3.14***										
Tagrowth			0.6391	2.72***								
Epsgrowth					−0.0203	−0.88						
Negrowth							0.0050	0.49				
Roegrowth									0.0079	0.43		
Roagrowth											0.0038	0.19
Controller	0.4385	2.63***	0.3721	2.26**	0.4953	1.55	0.6002	3.23***	0.4090	2.45**	0.3426	2.09**
Director	0.0689	1.74*	0.0618	1.58	−0.0090	−0.11	0.0284	0.67	0.0643	1.61	0.0681	1.74*
Idrate	−1.6359	−1.16	−1.1968	−0.87	1.8097	0.57	−2.2408	−1.32	−2.1854	−1.49	−1.0809	−0.78
Cen1	1.1089	2.09**	1.2511	2.4**	0.4242	0.43	1.2711	2.17**	1.2520	2.38**	1.3945	2.7***
Year	控制		控制		控制		控制		控制		控制	
Indusrty	控制		控制		控制		控制		控制		控制	

续表

	(1)资本积累率		(2)总资产增长率		(3)EPS 增长率		(4)净利润增长率		(5)ROE 增长率		(6)ROA 增长率	
	系数	Z值	系数	Z值	系数	Z值	系数	Z值	系数	Z值	系数	Z值
观测值	1283		1305		4524		1049		1279		1315	
LRchi2( )	83.43		78.57		25.98		69.97		73.05		72.1	
Pseudo R2	0.0695		0.0645		0.0712		0.0718		0.0614		0.059	
Log likelihood	-558.60432		-569.93054		-169.54262		-452.12325		-558.40167		-575.07205	

注：***、**、*分别表示在1%、5%、10%水平上显著，皆为双尾检验。

四、资产管理水平对并购类型的影响

对资产管理水平的三个变量分别回归,得到的结果如表3—7所示:

表3—7 资产管理水平与并购类型回归结果表

	(1)流动资产周转率		(2)固定资产周转率		(3)总资产周转率	
	系数	Z值	系数	Z值	系数	Z值
截距项	-0.1939	-0.24	-0.1815	-0.23	-0.2085	-0.26
Cturnover	0.1546	2.02**				
Fturnover			0.0086	1.26		
Tturnover					0.5065	3.02***
Controller	0.3275	1.99**	0.3575	2.18**	0.3383	2.05**
Director	0.0595	1.52	0.0695	1.78*	0.0597	1.53
Idrate	-1.0449	-0.76	-1.1147	-0.81	-1.1033	-0.8
Cen1	1.2794	2.45**	1.4009	2.71***	1.1576	2.21**
Year	控制		控制		控制	
Indusrty	控制		控制		控制	
观测值	1312		1312		1312	
LRchi2( )	76.16		73.58		82.06	
Pseudo R2	0.0625		0.0604		0.0674	
Log likelihood	-570.9513		-572.2385		-567.9969	

注:***、**、*分别表示在1%、5%、10%水平上显著,皆为双尾检验。

我们可以发现:

1.流动资产周转率的系数为0.1546,Z值是2.02。流动资产周转率与并购类型正相关,而且在5%的水平上显著。表明流动资产周转率越高,越容易选择相关并购,流动资产周转率低,则选择多元化并购。

2.固定资产周转率的系数是0.0086,Z值是1.26,结果不显著。表明固定资产周转率对并购类型选择没有显著影响。

3.总资产周转率的系数是0.5065,Z值是3.02,结果在1%水平上显著。表明总资产周转率与并购类型成正比,总资产周转率越高,越容易选择相关并购,总资产周转率越低,则越容易选择多元化并购。

总体来说,资产周转率越高,表明企业的资产运用效率高,管理效率高,能增强企业的盈利能力。因此,上市公司在选择并购类型时将选择相关并购,而资产周转率低的公司则选择多元化并购。

五、现金流量能力对并购类型的影响

对表示现金流量的几个指标分别回归,结果如表3—8所示,我们可以发现:

1.经营活动现金净流量的系数是1.55E-06,Z值是1.29,表明经营活动现金净流量与并购类型正相关,但是不显著,经营活动现金净流量对并购类型选择没有显著影响。

2.现金净流量的系数是3.05E-06,Z值是2.07,表明现金净流量与并购类型在5%水平上显著正相关。公司现金净流量越高,公司越容易进行相关并购;公司的现金净流量越低,公司越可能进行无关多元化并购。

3.每股经营活动现金净流量的系数是0.2384,Z值是2.21,表明每股经营活动现金净流量与并购类型在5%水平上显著正相关。公司每股经营活动现金净流量越高,公司越容易进行相关并购;公司每股经营活动现金净流量越低,公司越可能进行无关多元化并购。

4.每股现金净流量的系数是0.3390,Z值是3.03,表明每股

表 3—8　现金流量对并购类型回归结果表

	(1)经营活动现金净流量		(1)现金净流量		(2)每股经营活动现金净流量		(3)每股现金净流量		(4)自由现金流量	
	系数	Z 值	系数	Z 值	系数	Z 值	系数	Z 值	系数	Z 值
截距项	0.0043	0.01	-0.1162	-0.41	0.2877	0.35	0.2938	0.36	0.0171	0.02
Ocash	1.55E-06	1.29								
Ncash			3.05E-06	2.07^{**}						
Ocps					0.2384	2.21^{**}				
Ncps							0.3390	3.03^{***}		
Fcash									-6.37E-12	-0.21
Controller	0.0480	1.2	0.0530	1.33	3.29E-02	0.84	0.0336	0.86	0.0471	1.18
Director	-1.2888	-0.87	-1.2645	-0.86	-1.7058	-1.18	-1.8098	-1.27	-1.7544	-1.19
Idrate	1.3419	2.45^{**}	1.4629	2.69^{***}	1.4064	2.64^{***}	1.4016	2.62^{***}	1.2199	2.27^{**}
Cen1	0.2395	1.38	0.2444	1.4	0.2447	1.43	0.2836	1.66^{*}	0.3396	1.97^{*}
Year	控制		控制		控制		控制		控制	
Indusrty	控制		控制		控制		控制		控制	

续表

	(1)经营活动现金净流量		(1)现金净流量		(2)每股经营活动现金净流量		(3)每股现金净流量		(4)自由现金流量	
	系数	Z值	系数	Z值	系数	Z值	系数	Z值	系数	Z值
观测值	1284		1284		1309		1309		1228	
LRchi2( )	68.84		70.36		78.91		84.02		74.07	
Pseudo R2	0.0614		0.0628		0.0677		0.0721		0.0659	
Log likelihood	-526.055		-525.2936		-543.5769		-541.0209		-524.7529	

注：***、**、*分别表示在1%、5%、10%水平上显著，皆为双尾检验。

现金净流量与并购类型在1%水平上显著正相关。公司每股现金净流量越高,公司越容易进行相关并购;公司每股现金净流量越低,公司越可能进行无关多元化并购。

5.自由现金流量的系数是-6.37E-12,Z值是-0.21,表明公司自由现金流量与并购类型负相关。自由现金流量越多,则公司越容易选择多元化并购,自由现金流量越少,则公司越容易选择相关并购。这个系数为负,与Jensen(1986)的自由现金流量假说一致,但是在统计上不显著。

综合起来,我们发现,公司的现金流量越高,公司的现金流充裕,公司获取现金的能力越强,表明公司的发展状况比较好,公司容易选择相关并购。而现金流量水平低,则公司发展受到现金流量的约束,可能会选择多元化并购。而自由现金流的系数为负,表明自由现金流量高的公司的管理层容易选择多元化。

六、公司规模对并购类型的影响

对表示公司规模的三个变量分别回归,得到的结果如表3—9所示。由回归结果我们可以看出:

1.公司营业收入的系数为0.00000041 ,Z值为1.83,在10%水平公司营业收入上与并购类型正相关。公司的营业收入越高,公司越容易进行相关并购;公司的营业收入越低,公司越可能进行无关多元化并购。

2.公司的总资产的系数为0.00000035,Z值为1.67,公司总资产在10%水平上与并购类型正相关。公司的总资产越高,公司越容易进行相关并购;公司的总资产越低,公司越可能进行无关多元化并购。

3.公司市场价值的系数是1.69E-11,Z值是1.54,公司的市场价值与并购类型正相关,但是不显著。

综合起来,企业规模越大,越容易选择相关并购,而企业规模小,则越容易选择多元化并购,扩大企业规模和资源控制能力。这是因为如果公司规模大,资产规模大,营业收入水平高,则公司表示公司控制的资源比较多,有能力吞并竞争对手进行横向并购;对上下游企业有控制力,可以进行纵向并购。而规模小的公司,资产规模小,营业收入水平低,则公司没有能力吞并竞争对手或者上下游企业,但是管理层为了自己的利益有扩大公司规模,进行多元化的动力,因此,会选择多元化并购。

表 3—9　公司规模与并购类型回归结果表

	(1)营业收入		(2)总资产		(3)市场价值	
	系数	Z 值	系数	Z 值	系数	Z 值
截距项	-0.1493	-0.18	-0.1742	-0.21	-0.3032	-0.37
Revenue	0.00000041	1.83*				
Tasset			0.00000035	1.67*		
Mv					1.69E-11	1.54
Controller	0.3315	1.9*	0.3199	1.91*	0.3164	1.93*
Director	0.0666	1.65*	0.0662	1.63*	0.0579	1.47
Idrate	-0.8516	-0.6	-0.8634	-0.61	-1.1282	-0.81
Cen1	1.1912	2.25**	1.2195	2.31**	1.2688	2.44**
Year	控制		控制		控制	
Indusrty	控制		控制		控制	
观测值	1287		1288		1315	
LRchi2( )	72.48		71.45		75.12	
Pseudo R2	0.0612		0.0683		0.0615	
Log likelihood	-555.5496		-556.2523		-573.5942	

注:***、**、*分别表示在1%、5%、10%水平上显著,皆为双尾检验。

七、公司在行业中的地位对并购类型的影响

对表示公司在行业中的地位的几个变量分别回归，得到的结果如表3—10所示，我们可以发现：

1.营业收入占行业百分比的系数是0.0272，Z值是0.46，表明营业收入占行业百分比对并购类型的选择没有显著影响。

2.净利润占行业百分比的系数是-0.0117，Z值是-0.71，表明净利润占行业百分比对并购类型的选择没有显著影响。

3.总资产占行业百分比的系数是0.0308，Z值是0.48，表明总资产占行业百分比对并购类型的选择没有显著影响。

4.现金净流量占行业百分比的系数是0.0164，Z值是1.81，表明现金净流量占行业百分比与并购类型在10%的水平上显著正相关。现金净流量占行业百分比越高，公司越容易选择相关并购；现金净流量占行业百分比越低，公司越容易选择多元化并购。

综合起来，公司在行业中的地位在并购类型选择中影响不是很大，除了现金净流量占行业的百分比对并购类型有显著影响外，其他的变量对并购类型的影响不太显著。公司在进行战略决策时，应该考虑本公司在行业中所处的地位，但是这些因素对公司的并购类型决策影响不大，可能是因为公司更看重产品的市场份额和公司的现金流等因素，对收入、利润、资产等指标占行业的百分比不是很重视。

表3—10　公司在行业中地位与并购类型回归结果表

	(1)营业收入比率		(2)净利润比率		(3)总资产比率		(4)现金净流量比率	
	系数	Z值	系数	Z值	系数	Z值	系数	Z值
截距项	-0.4079	-0.5	-0.4013	-0.49	-0.4289	-0.52	-0.484	-0.59
Rrratio	0.0272	0.46						

续表

	(1)营业收入比率		(2)净利润比率		(3)总资产比率		(4)现金净流量比率	
	系数	Z值	系数	Z值	系数	Z值	系数	Z值
Npratio			-0.0117	-0.71				
Taratio					0.0308	0.48		
Ncratio							0.0164	1.81*
Controller	0.3561	2.13**	0.3693	2.21**	0.3481	2.07**	0.3533	2.12**
Director	0.0782	1.95**	0.0805	2.02**	0.0782	1.95**	0.0805	2.01**
Idrate	-0.7596	-0.54	-0.7349	-0.52	-0.7585	-0.54	-0.7756	-0.55
Cen1	1.3345	2.53**	1.3562	2.59***	1.341	2.55**	1.2866	2.44**
Year	控制		控制		控制		控制	
Indusrty	控制		控制		控制		控制	
观测值	1287		1288		1288		1288	
LRchi2( )	68.34		68.18		67.92		71.27	
Pseudo R2	0.0577		0.0576		0.0574		0.0602	
Log likelihood	-557.6192		-557.8888		-558.0149		-556.3419	

注：***、**、*分别表示在1%、5%、10%水平上显著，皆为双尾检验。

八、多指标回归的结果

选取多个变量进行回归，因为公司的各财务指标之间往往互相相关，所以，在选取多变量回归指标时既要考虑能综合概括公司的特征，又要避免选取相关系数太高的指标，最后，选取了资产负债率、总资产收益率、总资产增长率、现金净流量和现金净流量占行业百分比五个指标。回归的结果如表3—11所示，我们可以发现：

在控制了行业、年度、实际控制人性质、公司治理、股权等的影响之后，公司的特征对并购类型的选择有影响：

1.资产负债率的系数是 0.5261，Z 值是 1.37，资产负债率与并购类型正相关，但是不显著。

2.ROA 的系数是 1.9765，Z 值是 1.64，ROA 与并购类型在 10%的显著性水平上正相关。ROA 高的公司将选择相关并购，ROA 低的公司选择多元化并购。

3.总资产增长率的系数是 0.4242，Z 值是 1.68，总资产增长率与并购类型在 10%的显著性水平上正相关。总资产增长率高的公司将选择相关并购，总资产增长率低的公司选择多元化并购。

4.现金净流量的系数是 0.000006，Z 值是 1.92，现金净流量与并购类型在在 10%的显著性水平上正相关。现金净流量高的公司将选择相关并购，现金净流量低的公司选择多元化并购。

5.现金流量占行业百分比的系数是 0.0117，Z 值是 1.26，现金流量占行业百分比与并购类型正相关，但是不显著。

综合以上结果，我们可以看出，公司在并购类型的选择决策时，更注重公司的盈利能力、发展能力和公司的现金流量，公司的盈利能力好，发展能力好，而且有充裕的现金流量的公司容易选择相关并购，而公司的盈利能力差、发展能力差，现金流量不充裕的公司容易进行多元化并购，这种多元化并购更多是为了管理层的私利，增大公司的规模和资源控制能力。

表 3—11　公司综合特征对并购类型回归结果表

	系数	Z 值
截距项	−0.5485	−0.64
Debt	0.5261	1.37
Roa	1.9765	1.64*
Tagrowth	0.4242	1.68*

续表

	系数	Z值
Ncash	0.000006	1.92*
Ncratio	0.0117	1.26
Controller	0.4007	2.37**
Director	0.0697	1.74*
Idrate	−1.0644	−0.75
Cen1	1.0203	1.89**
Year	控制	
Indusrty	控制	
观测值	1278	
LRchi2( )	86.29	
Pseudo R2	0.0731	
Log likelihood	−546.92928	

注：***、**、*分别表示在1%、5%、10%水平上显著，皆为双尾检验。

第五节　稳健性检验

为了检验上述结论的稳健性，我们进行了稳健性检验。稳健性检验的方法是选取其他变量进行回归，本书选取了财务杠杆系数、市盈率、每股净资产、可持续增长率等指标放入模型，得到的结果与上面选取的指标结果方向一致，公司的特征对并购类型有显著影响。因此，本章的结论是稳健的。

本章小结

公司特征对并购的绩效和并购支付的溢价的影响一直是并购领域研究的重要议题,但是以往的研究只侧重于某些特征的影响,而且缺乏公司特征对并购类型决策的全面系统的研究。本章以我国上市公司2001—2009年的数据为基础,从公司特征对并购类型决策的影响的角度进行了实证检验。研究结果表明,公司的盈利能力、发展能力、资产管理水平、现金流量能力、公司规模、公司在行业中的地位对并购类型的选择有显著影响。从实证结果我们可以看出,公司财务状况和经营情况越好,公司越容易进行相关并购;而公司的财务状况和经营情况越差,公司越容易进行多元化并购,这种多元化并购往往给管理层带来个人利益而损害股东的利益。财务状况和经营状况好的公司并购主要是公司发展的内在需要,而财务状况差的公司并购则主要是管理者利益的需要。出于不同的动因选择了不同的并购类型。本章的研究结论证实了公司特征对并购类型的选择的影响。本章的研究结论对我国公司并购的实务有很强的现实指导意义。我们应该加强研究如何增强公司治理以减少这种可能给公司带来价值损失的无关多元化并购。同时,本章的研究丰富了公司并购的理论研究。

第四章　管理层的背景特征与并购类型

按照古典经济学的解释，并购和其他投资决策一样，都是基于提高或增强股东财富的愿望。但是，控制着公司资源配置权的管理者不持有公司股份或者持有很少的公司股份，从 Berle 和 Means (1932)开始，大部分文献关注管理层与股东之间的利益冲突。Jensen 和 Meckling(1976)对这类代理问题已经研究的很充分，他们认为管理者可能追求自身利益，进行可能损害股东价值的并购活动。Jensen(1986)还提出了自由现金流量假说来解释并购行为，认为公司可以通过适当地提高负债比例减少多元化并购，可减少代理成本，增加公司的价值。管理者并不一定以提高股东财富为目的，而是为了追求管理者效用最大化。如果管理者的效用取决于公司规模、风险、管理者薪酬，而不是公司价值，则管理者将最大化公司的增长、降低风险，掠夺公司财富。

但是这些研究把管理者看作是同质的，忽略了管理者的异质性。由于管理者的性别、年龄、学习经历、工作经历、任职期限等的不同，管理者做出的决策也会有差异。在组织行为学和战略管理领域，学者们展开了对管理者个人背景特征和团队特征的研究，发现管理者的个人背景和团队特征将影响管理者的决策行为。战略决策是一种内生性的行为，部分反映了决策者的特质(Child，1972;Cyert and March，1963)。许多研究成果扩展了他们的研究结论，认为高层等级、高管、战略领导对决定战略的内容和过程非常重要（Child，1972；Hambrick and Mason，1984；Miller and Toulouse，1986）。Hambrick 和 Mason 于 1984 年提出了“高层梯队理论”，认为组织是高层管理者的反映，组织的产出（包括战略选择和业绩水平）部分预测了管理人员的背景特征，其中的战略选择包括相关多元化、不相关多元化和收购在内。Schneider 和 Meyer（1991）提出的影响战略决策的综合模型，认为管理者的个人特征和团队力量是重要的因素。Wiersema 和 Bantel（1992）认为高管特征对公司战略定位的差异性有影响。并购是公司的战略选择，管理层的特征将对并购产生影响。

Hannan 和 Freeman（1977）、Aldrich（1979）提出了组织自然选择的过程，认为环境决定了谁将生存下来，而高管是被动的代理人，对公司发展的影响较小。这个观点认为，在竞争环境中，决策的效果比公司内部决策管理过程对公司的行为更相关。而 Hitt 和 Tyler（1991）研究认为 CEO 的个人特征影响战略决策模式。Finkelstein 和 Hambrick（1990）、Hitt 和 Tyler（1991）认为 CEO 在公司的服务年限、CEO 的教育水平与战略决策相关。作为公司的最高经营管理者，CEO 对公司的战略决策有制定权。CEO 的个人特征是否会影响并购类型的选择呢？这是我们关心的问题。

董事长在我国企业决策中发挥着重要的作用，我国上市公司的实际控制权大多掌握在董事长手中，姜付秀等（2009）认为我国上市公司的董事长和西方的 CEO 的角色更相近，因此，他们对董事长的背景与公司过度投资的关系进行了研究。到底是董事长还是总经理掌握实质控制权，能发挥更大的作用，对并购类型的决策产生影响呢？本章将对此作出研究。

并购是一种战略决策行为，因此，研究并购类型的影响因素，必须考虑管理者的个人背景和团队特征对战略决策的影响。本章将从管理者团队的特征和个人的特征两个角度研究管理者对并购类型选择决策的影响。结合我国上市公司的特殊情况,本章将从管理层、董事长、总经理三个方面研究其背景特征对并购类型的影响。

第一节 研究假设

Penrose (1959)认为管理者通过一定的过程和程序经营一个团队,预想、实施并重新调整公司的各种资源,公司的资源会变得独特和有价值。经理的主要作用是选择公司的路径,组织和整合资源,参与市场。Hambrick 和 Mason(1984)等对高层梯队理论的研究表明了管理层对战略决策的影响,因此,管理层会对公司并购类型的决策产生影响。

Schein(1973)认为“成功的管理者等于男性”。通过对 500 个不同性别的管理者做的调查研究表明,男性和女性对成功的管理者的认识不同。男性通常是有领导能力的、竞争性的、自信的、客观性的、侵略性的、强有力的、负责任的。女性则是顺从的、有同情心、敏感的、理解人的、忠诚的。Brass(1985)则认为男性和女性都能很好地建立人际关系网络。Rowney 和 Cahoon(1990)研究了管理层中女性的个人和组织特征,发现女性比较容易获得低层次管理岗位,而中层管理岗位较难,很难获得高层管理岗位。Catalyst (2004)的研究发现女性董事比例最高的公司与女性董事比例最低的公司,其资产收益率和股票收益显著有差异,女性比例高有助于增加财务绩效。Shrader 等 (1997)则发现女性董事比例与公司绩效负相关。男性和女性不同的特点将对他们做出公司战略决策产生影响。一般说来,男性管理者的竞争性和侵略性比较强,因此可能更多选择对竞争对手的横向并购,女性管理者则可能较少选择横向并购。男性管理者更容易实施风险较高的项目,更喜欢创新。多元化会面临完全不同的行业和领域,对管理者是一种挑战,男性管理者也可能更喜欢这种挑战而进行多元化并购。而女性管理者则更愿意分散风险。人们认为多元化并购可以分散公司特定的风险,女性管理者一般比较厌恶风险,虽然会面临对管理能力的挑战,但是分散风险的需要可能让女性管理者选择实施多元化并购战略。

基于以上分析,我们提出假设1:女性管理者更容易实施不相关多元化并购,男性管理者更容易实施相关并购。

对管理层的年龄,Child(1974),Hart 和 Mellons(1970)的研究认为年轻的管理者往往尝试新鲜的、前所未有的事物,勇于承担风险。年轻的管理层一般更有利于公司增长,但是往往也会带来销售和利润的波动。Child(1974),Chown(1960)认为年长的管理层的身体和心理的持久力都比较弱,更不容易产生新的想法,学习新的行为。Taylor(1975)的研究表明管理者的年龄与整合信息形成决策、自信的做出决策负相关,与寻找更多的信息、准确的评估信息、更长时间的决策正相关。Alutto 和 Hrebiniak(1975)、Stevens,Beyer 和 Trice(1978)认为年长的管理者对维持组织现状有更大的心理上的认同。Carlsson 和 Karlsson(1970)认为年长的管理者处于财务安全和职业安全都非常重要的时点,他们建立了自己的社会圈子、消费特征和对退休后收入的预期,他们会避免一切可能对这些做出破坏的风险行为。Hambrick 和 Mason(1984)则认为,有年轻的管理者的公司比年长的管理者的公司更容易实施风险的战略;年轻的管理者比年长的管理者的公司有更大的发展和利润波动。徐经长、王胜海(2010)发现包括董事长、总经理、财务总监的核心高管的平均年龄越大,越愿意维持现状,而核心高管平均年龄越小,越愿意创新和冒险。因此,年长的管理者一般不会随意改变公司的战略和发展的方向。多元化并购对公司的发展方向和战略有较大的改变。多元化并购面对的是完全不相关的业务领域,横向并购和纵向并购是在管理者比较熟悉的领域扩展。

基于以上分析,我们提出假设 2:年轻的管理者更愿意实施多元化并购,而年长的管理者更愿意实施相关并购。

管理层人数越多,大家达成一致意见的困难越大,Jensen (1993), Lipton 和 Lorsch(1992)认为大的董事会规模会功能失调。管理层的规模越大,管理层制定不同的决策的可能性越大,管理层之间的相互制约也比较大,而统一决策往往会选取风险更小的战略决策,选取符合各方利益的决策。相关并购面对熟悉的经营领域,与公司产生协同效应,因此,可能是一种大家更容易接受的战略。

基于以上分析,我们提出假设 3:管理层的规模越大,公司越倾向于选择相关并购,管理层规模越小,公司越倾向于选择多元化并购。

一定程度上,教育背景表明一个人的知识和技能的基础。比较一致的结论是高层管理人员的教育水平与对创新的接受能力正相关(Becker, 1970; Kimberly and Evanisko, 1981; Rogers and Shoemaker, 1971;Collins,1971)。受到的教育表明一个人的社会经济学的背景,Hambrick 和 Mason(1984)认为管理团队正式教育的水平与创新正相关。管理者教育水平越高,越能把握公司的战略发展方向,能比较全面地分析和预测不同类型的并购的效应,做出对公司长远发展有利的并购决策,选择相关并购。管理者教育水平低，对公司战略和影响的把握可能不全面，容易选择多元化并购的决策。

基于以上分析，我们提出假设4：管理层的教育水平越高，越倾向于选择相关并购；管理层的教育水平越低，越倾向于选择多元化并购。

管理者的任期越长，管理者对公司的长远发展越关注，会选择对公司价值创造以及自身利益相关的战略决策。以往的研究表明不相关多元化会破坏企业的价值。而且，任期越长，管理者越不愿意进行战略的改变。Hambrick 和 Mason(1984)也认为高管的组织内的服务期限与产品创新和不相关多元化这种面对新地域的战略选择负相关。Finkelstein 和 Hambrick (1996)对高层梯队理论的研究总结中发现，对高管任期的研究比较一致的结论是较长任期的管理者较少可能改变其组织。任期短的管理者可能更关注自身的利益，不考虑企业的长远发展，做出多元化并购的决策。

基于以上分析，我们提出假设5：管理层的任期越长，越容易选择相关并购；管理层任期越短，越容易选择多元化并购。

Dalton 和 Miner(1970)研究了会计培训对高管决策的作用，发现会计教育在高层管理决策中有重要的、独特的作用。而管理者的经历则可以反映他们的技巧、知识以及管理团队的能力。(Carpenter et al. 2001; Harris and Helfat, 1997; Castanias and Helfat, 2001)。因为专业管理经历使管理者的知识、自信和想象力调整，评价高管的管理能力需要研究高管团队的管理经验(Penrose, 1959; Van de Ven et al.1984)。职业背景影响管理者对公司面对的环境的理解，因此，也会影响其战略选择。本书将管理者的工作经历分为两大类，一类是有相关的会计、金融、投资、经济管理等相关工作经历，另一类没有这些经历。有相关的工作经历的管理者可能更关注并购带来的价值变化,因此会选择横向并购和纵向并购,而没有相关工作经历的管理者,则更有可能选择无关多元化并购。

基于以上分析,我们提出假设6:管理层有经济管理类的相关工作经历的,越容易做出相关并购的决策;管理层没有经济管理类相关工作经历的,越容易做出多元化并购的决策。

第二节　数据与变量

一、数据与样本

样本选择区间是我国上市公司2001—2009年之间的数据。

并购类型的样本,从Wind数据库中并购事件数据中整理,选择符合以下标准的数据:(1)并购活动已经完成。(2)当年仅发生过一次并购。(3)收购方是2001年以前上市的A股公司(包括既发行A股,又发行B股和H股的公司)。(4)一年内对同一公司进行的多次并购视同一次并购。(5)剔除金融行业的数据。

管理层特征、董事长特征、总经理特征的数据从国泰安金融研究数据库中获取,整理计算所得。

二、模型与变量

1.变量设定

(1)管理层的界定

在以往的研究中,国外的研究往往用Top Management Team、Top Managers来表示高管团队,高管、管理层、高层管理者、高层管理团队频频出现,但是大家对管理层的概念并没有一致的认识,往往根据自己的研究确定管理层的范围。

本书借鉴姜付秀、伊志宏等(2009)的方法,结合公司年报中披露的高管人员的信息,界定了本书的管理层的范围,包括公司年报中披露的高层管理人员。

董事长在我国企业决策中发挥着重要的作用,上市公司的实际控制权大多掌握在董事长手中,因此,姜付秀、伊志宏等(2009)认为在我国上市公司的董事长和西方的 CEO 的角色更相近,因此,他们选择董事长的背景进行研究。本书将选择董事长和总经理的个人背景特征,分别研究董事长和总经理的特征对并购类型的选择的影响。

(2)管理者的背景特征

根据国内外已有的高层管理者的相关研究,管理层的背景特征主要包括:高管团队年龄(Child,1974;Hart and Mellons,1970;Hambrick and Mason,1984;Tihanyi et al. 2000)、团队的任期(Tushman and Romanelli 1985, Miller 1991;Finkelstein and Hambrick 1990;Wiersema and Bantel 1992; Pitcher and Smith,2001)、团队的教育背景 and 工作经历(Becker, 1970; Rogers and Shoemaker, 1971; Collins, 1971; Kimberly and Evanisko, 1981; Pitcher and Smith,2001)、高管规模(Pitcher 和 Smith,2001)。根据本书的研究目的和数据的可得性,本书选取的管理层的背景特征变量包括管理层规模、管理层学历、管理层性别、管理层年龄、管理层任职时间五个方面。董事长和总经理的个人特征包括性别、年龄、学历、相关工作经历、任职时间这五个方面。

本书中,管理层、董事长、总经理的特征和具体的变量定义见表 4—1 所示。

(3)控制变量

根据以往的研究,本书选取公司规模、股权集中度、ROA、实际控制人性质等几个控制变量,具体定义见表 4—1。

①公司规模：Williamson（1963）认为公司经理人员具有扩张公司规模的动力，而且我们上一章的实证研究表明公司规模越大，越容易选择相关并购，公司规模越小，越容易进行多元化并购。因此，本书选取了公司规模作为控制变量，用公司总资产的自然对数表示公司规模。

②总资产收益率 ROA：公司的盈利能力越强，公司越容易进行相关并购，公司的盈利能力越差，公司越容易进行多元化并购。上一章的实证检验已经说明了 ROA 对并购类型的影响，因此，选择 ROA 作为控制变量。

③管理层持股。管理者持股可能对其决策产生影响，使其决策时更符合股东的利益，因此，选择管理层持股的绝对数量作为控制变量。

④行业、年度虚拟变量。本书还控制了行业和年度的影响。

表 4—1　管理层的背景特征变量定义表

变量代码	变量名称	变量定义
Panel A 管理层的背景特征变量		
Mtype	并购类型	0 为无关并购（多元化并购），1 为相关并购
Gsize	管理层规模	年报中披露的管理人员的个数
Gdegree	管理层学历	平均学历水平，中专及以下取值为 1，大专为 2，大学本科为 3，硕士研究生为 4，博士研究生为 5
Ggend	管理层性别	男性取值为 1，女性取值为 0，数据由每年平均取得
Gage	管理层年龄	平均年龄。30 岁及以下为 0；30—40 岁（含 40）为 1；40—50 岁（含 50）为 2；50—60 岁（含 60）为 3；60 岁以上为 4
Gtime	管理层任职时间	管理者担任现在职位的平均任职时间

续表

变量代码	变量名称	变量定义
Panel B 董事长/总经理的个人背景特征变量		
Gend	性别	男性取值为1,女性取值为0
Age	年龄	30岁及以下为0;30—40岁(含40)为1;40—50岁(含50)为2;50—60岁(含60)为3;60岁以上为4
Degree	学历	中专及以下取值为1,大专为2,大学本科为3,硕士研究生为4,博士研究生为5
Job	相关工作经历	有从事经济、会计、金融及经济管理类工作的经历则取值为1,否则为0
Time	任职时间	担任现在职位的任职时间
Panel C 控制变量		
Size	公司规模	选取公司总资产的自然对数
Roa	总资产收益率	净利润/总资产余额
Mstock	管理层持股	管理层持股的绝对数量
Industry	行业虚拟变量	根据证监会划分13个行业,剔除金融行业,所以设置11个虚拟变量
Year	年度虚拟变量	以2001年为基准,设置8个虚拟变量

2.回归模型

在以往研究的基础上,本书设定以下模型,采用Logit回归方法,用并购类型对管理层的背景特征变量和董事长、总经理个人特征变量进行回归。第一个模型对管理层的背景特征变量回归;第二个模型对董事长和总经理的个人特征回归。

$$Mtype = \beta_0 + \beta_1 Gsize + \beta_2 Gdegree + \beta_3 Ggend + \beta_4 Gage + \beta_5 Gtime + \beta_6 Controlvarablesi + \varepsilon$$

$$Mtype = \beta_0 + \beta_1 gend + \beta_2 age + \beta_3 degree + \beta_4 job + \beta_5 time + \beta_6 Controlvarablesi + \varepsilon$$

本书在研究过程中，首先对每个特征变量进行单独回归，考察每个背景特征对并购类型选择的影响，然后再将所有变量放进模型中进行回归，考察所有背景特征变量的综合影响。

三、描述性统计

1.描述性统计

表4—2　管理层及董事长、总经理特征变量描述性统计表

Panel A 管理层的背景特征						
变量	观测值	均值	中位数	最小值	最大值	标准差
Mtype	1564	0. 8107	1	0	1	0. 3918
Ggend	1564	0. 8696	0. 85	0. 2222	1	0. 0990
Gage	1564	2. 1250	2. 125	0. 1111	3. 0625	0. 3461
Gsize	1564	18. 5352	18	8	56	4. 6393
Gdegree	708	3. 4189	3	1	5	0. 6495
Gtime	1469	599. 1203	546. 6316	2	14061. 53	746. 4272
Panel B 董事长个人特征						
变量	观测值	均值	中位数	最小值	最大值	标准差
Gend	1561	0. 9603	1	0	1	0. 1954
Age	1556	2. 4062	2	0	5	0. 7503
Job	1393	0. 3137	0	0	1	0. 4642
Degree	543	3. 5193	3	1	5	0. 9107
Time	1529	544. 4258	545	8	1589	345. 3562

续表

Panel C 总经理个人特征						
变量	观测值	均值	中位数	最小值	最大值	标准差
Gend	1549	0. 958	1	0	1	0. 2006
Age	1547	2. 0459	2	0	5	0. 6823
Job	1166	0. 2882	0	0	1	0. 4531
Degree	548	3. 4927	4	1	5	0. 8626
Time	1524	537. 39	542	1	4140	345. 36

从表4—2管理层及董事长、总经理特征描述性统计表可以看出：

（1）管理层的基本状况是：管理层的规模平均是18人左右，管理层的规模标准差是4. 6393，管理层的规模差别不是很大。管理层性别构成中主要为男性，大概占87%，管理层性别构成差异不大，主要以男性为主。管理层的平均年龄为40岁至50岁之间，标准差是0. 3461，管理层的年龄构成差异不大。管理层的平均任职年限不到2年，标准差为746. 4272，不同公司管理层任职年限差异比较大。管理层的平均学历为本科水平。

（2）上市公司董事长性别构成以男性为主，大概占96%，比管理层的平均性别构成男性比例高。与以往的研究中发现越高层管理者中女性的比例越小一致。董事长年龄均值是2. 4062，在40岁至50岁之间，比管理层的平均年龄大，说明管理层中比较年轻的管理者处于比较低的职位。董事长从事经济管理类相关工作的比例为31. 37%。董事长的学历均值为3. 5193，为本科以上水平，比管理层的平均学历稍微高一点。董事长的任职时间平均不到2年，比管理层的平均任职时间稍短。

（3）总经理性别大部分为男性，大概占95. 8%，与董事长性别构成中男性比例差别不大。总经理年龄均值为2.045895，在40岁至50岁之间，比管理层的平均年龄和董事长平均年龄低，表明上市公司总经理由比较年轻的人担任。总经理从事经济管理类相关工作的比例为28.8%，比董事长从事经济管理类工作的比例低。总经理学历水平为本科以上，与董事长学历水平差不多。总经理任职时间平均不到2年，与董事长任职时间差别不大。

2.相关系数

从表4—3可以看出：

(1)管理层的性别、规模和任职时间与并购类型在1%水平上显著正相关，年龄与并购类型在5%水平上显著正相关，管理层性别、规模、年龄和任职时间对并购类型的选择有显著影响。管理层的平均学历水平与并购类型正相关，但是不显著。

(2)董事长的年龄、学历与并购类型在10%水平上显著正相关，从事经济相关工作与并购类型在5%水平上显著负相关，而董事长性别、董事长任职时间与并购类型选择没有显著相关关系。

(3)只有总经理的经济类相关工作经历与并购类型在1%水平上显著负相关。总经理的年龄、性别、学历、任职时间都与并购类型没有显著相关关系。

表4—3　管理层、董事长、总经理特征与并购类型相关系数表

Panel A 管理层的背景特征与并购类型						
	Mtype	Ggend	Gage	Gsize	Gdegree	Gtime
Mtype	1					
Ggend	0.0670***	1				
Gage	0.071**	0.1715***	1			
Gsize	0.0737***	0.1457***	0.2110***	1		

续表

Panel A 管理层的背景特征与并购类型						
Gdegree	0.0157	0.0531	-0.002	0.1206***	1	
Gtime	0.0532***	0.0489**	0.0918***	0.0478**	-0.0593	1
Panel B 董事长个人特征与并购类型						
	Mtype	Gend	Age	Degree	Job	Time
Mtype	1					
Gend	0.0024	1				
Age	0.0482*	-0.008	1			
Degree	0.0756*	0.0095	-0.2181***	1		
Job	-0.0655**	0.002	-0.0275	-0.0004	1	
Time	0.0317	-0.0036	0.0909***	-0.0855**	-0.0665**	1
Panel C 总经理个人特征与并购类型						
	Mtype	Gend	Age	Degree	Job	Time
Mtype	1					
Gend	0.014	1				
Age	-0.0064	0.0283	1			
Degree	0.0493	0.0977**	-0.1442	1		
Job	-0.0959***	-0.0102	-0.0517*	0.0048	1	
Time	0.0355	0.0152	0.0838***	-0.0548	0.0097	1

注：***、**、*分别表示在1%、5%、10%水平上显著。

第三节　实证结果

一、管理层的背景特征对并购类型的影响

首先对每个管理层的特征变量进行单独回归，然后再将所有

变量放进模型中进行回归，得到的回归结果如表 4—4 所示，我们可以发现：

1.单变量回归结果：

从并购类型对管理层的背景特征的单个变量的 Logit 回归结果可以看出：

（1）管理层的平均性别与并购类型在 10%的水平上显著正相关，管理层中男性比例越高，越倾向于选择相关并购，管理层男性比例越低，越倾向于选择多元化并购，支持了假设 1 的推论。

（2）管理层的平均年龄与并购类型不显著正相关，管理层的平均年龄对并购类型的选择没有显著影响，没有支持假设 2 的推论。

（3）管理层的规模与并购类型在 1%水平上显著正相关，管理层的规模越大，越倾向于选择相关并购，管理层的规模越小，越倾向于选择多元化并购，这个结果支持了假设 3 的推论。

（4）管理层的平均学历与并购类型不显著相关，管理层的平均学历对并购类型没有显著影响，没有支持假设 4 的推论。

（5）管理层的平均任职时间与并购类型在 10%水平上显著正相关，管理层任职时间越长，越倾向于选择相关并购，管理层任职时间越短，越倾向于选择多元化并购，与假设 5 的推论一致。

2.多变量回归结果

从并购类型对管理层的背景特征的多变量回归结果可以看出：管理层的平均年龄和管理层的规模与并购类型都在 1%水平上显著正相关，其他变量与并购类型没有显著相关关系。管理层的平均年龄越大，管理层的规模越大，越容易选择相关并购，管理层的平均年龄越小，管理层的规模越小，越容易选择多元化并购。这个结果支持假设 2 和假设 3 的推论。

表 4—4　管理层的背景特征与并购类型回归结果表

	(1)管理层性别		(2)管理层的年龄		(3)管理层的规模		(4)管理层学历		(5)管理层任职时间		(6)管理层背景多变量	
	系数	Z 值	系数	Z 值	系数	Z 值	系数	Z 值	系数	Z 值	系数	Z 值
截距项	-2.0210	-1.76*	-1.3372	-1.31	-1.4015	-1.37	-0.7915	-0.53	-1.3124	-1.26	-2.3845	-1.24
Ggend	1.2614	1.65*									-0.0322	-0.02
Gage			0.3335	1.41							1.0152	2.6***
Gsize					0.0670	3.43***					0.0961	2.78***
Gdegree							0.0564	0.32			0.1176	0.61
Gtime									0.0004	1.69*	0.0006	1.48
Size	0.0835	1.15	0.0673	0.89	0.0237	3.10E-01	0.0770	0.75	0.0948	1.28	-0.1393	-1.11
Roa	1.9687	1.95*	2.0615	2.03	2.2682	2.23	3.0798	1.97**	1.9282	1.79*	2.6985	1.52
Mstock	1.13E-09	0.43	1.22E-09	0.47	1.37E-09	0.54	2.30E-08	1.46	7.22E-10	0.28	2.46E-08	1.52
Year	控制		控制		控制		控制		控制		控制	
Indusrty	控制		控制		控制		控制		控制		控制	
观测值	1354		1354		1354		661		1260		609	

续表

	(1)管理层性别		(2)管理层的年龄		(3)管理层的规模		(4)管理层学历		(5)管理层任职时间		(6)管理层背景多变量	
	系数	Z值	系数	Z值	系数	Z值	系数	Z值	系数	Z值	系数	Z值
Lrchi2( )	68		67.29		77.85		49.44		63.13		64.34	
Pseudo R2	0.0537		0.0532		0.0615		0.084		0.0534		0.119	
Log Likelihood	−598.5920		−598.9473		−593.6649		−269.5885		−559.6537		−238.1606	

注：* 表示在10%水平上显著，** 表示5%水平上显著，*** 表示1%水平上显著，皆为双尾检验。

二、董事长个人背景特征对并购类型的影响

首先对每个董事长特征变量进行单独回归，然后再将所有变量放进模型中进行回归，得到的回归结果如表4—5所示，我们可以发现：

1.单变量回归结果

从并购类型对董事长背景特征的单个变量的Logit回归结果可以看出：

（1）董事长性别对并购类型的选择没有显著影响。这可能是因为样本公司中董事长性别比例高达96%，因此董事长性别对并购类型影响无法得到充分检验。最高层管理者中女性比例太小，因此，性别差异对公司决策的影响很小。

（2）董事长年龄与并购类型不显著正相关，董事长年龄对并购类型的选择没有显著影响。

（3）董事长学历与并购类型在5%水平上显著正相关，董事长学历越高，越倾向于选择相关并购，董事长学历越低，越倾向于选择多元化并购，支持了假设4的推论。

（4）董事长是否有经济管理类相关工作经历与并购类型在10%的显著性水平上负相关。董事长有经济管理类相关工作经历的，越容易选择多元化并购，而董事长没有经济管理类相关工作经历的，则容易选择相关并购，与假设6相反。这可能是因为从事技术类的工作而非经济管理类工作的董事长更注重产品和技术方面，注重生产协同效应和技术、资源的互补，而从事经济管理类相关工作的董事长可能更关注多元化并购带来的财务协同效应。而且，有经济管理类相关工作经历的董事长可能更有信心管理毫无关联的目标企业，因此可能过度自负而进行多元化并购。

表 4—5　董事长背景特征与并购类型回归结果表

	(1)董事长性别		(2)董事长年龄		(3)董事长学历		(4)董事长工作经历		(5)董事长任职时间		(6)董事长背景多变量	
	系数	Z值	系数	Z值	系数	Z值	系数	Z值	系数	Z值	系数	Z值
截距项	-1.3625	-1.29	-1.531	-1.48	-0.5887	-0.35	0.1101	0.09	-1.4756	-1.44	-0.0107	-0.01
Gend	0.1415	0.40									-0.231	-0.37
Age			0.0832	0.82							0.3633	1.78*
Degree					0.2934	2.05**					0.4131	2.57**
Job							-0.2857	-1.76*			0.1541	0.56
Time									0.1203	0.66	0.0005	1.1
Size	0.1109	1.55	0.1135	1.55	-0.008	-0.07	0.1142	1.56	1.7524	1.67*	-0.0569	-0.44
Roa	1.9657	1.99*	2.1366	2.13**	4.2674	2.42**	2.341	2.32	8.63E-10	1.73*	3.9967	2.15**
Mstock	8.76E-10	0.35	9.07E-10	0.36	6.02E-08	1.55	6.47E-10	0.26	7.22E-10	0.34	6.74E-08	1.64*
Year	控制		控制		控制		控制		控制		控制	
Indusrty	控制		控制		控制		控制		控制		控制	
观测值	1585		1346		505		1322		1326		493	

续表

	(1)董事长性别		(2)董事长年龄		(3)董事长学历		(4)董事长工作经历		(5)董事长任职时间		(6)董事长背景多变量	
	系数	Z值	系数	Z值	系数	Z值	系数	Z值	系数	Z值	系数	Z值
Lrchi2( )	81.27		72.25		55.37		71.44		63.44		57.91	
Pseudo R2	0.0536		0.0577		0.1193		0.0587		0.0516		0.1278	
Log Likelihood	−718.0747		−590.295		−204.3493		−570.6837		−583.1029		−197.6738	

注：* 表示在10%水平上显著，** 表示5%水平上显著，*** 表示1%水平上显著，皆为双尾检验。

(5)董事长任职时间与并购类型不显著正相关,董事长的任职时间对并购类型的选择没有显著影响。

2.多变量回归结果

从并购类型对董事长背景特征的多变量回归结果可以看出:董事长年龄与并购类型在10%水平上显著正相关,董事长学历与并购类型在5%水平上显著正相关,其他变量与并购类型没有显著相关关系,支持了假设2和假设4的推论。董事长年龄越大,董事长的学历越高,越容易选择相关并购,董事长的年龄越小,董事长的学历越低,越容易选择多元化并购。多变量回归结果与单变量回归结果稍有差异,对并购类型有显著影响的差异有所不同。这可能是因为董事长学历样本比较少,引起多变量回归的样本也比较少,而单变量回归的样本比较大,所以结果稍有不同。但是系数的符号并没有改变,不影响结论的有效性。

三、总经理个人背景特征对并购类型的影响

首先对每个总经理特征变量进行单独回归,然后再将所有变量放进模型中进行回归,得到的回归结果如表4—6所示,我们可以发现:

1.单变量回归结果

从并购类型对总经理背景特征的单个变量的Logit回归结果可以看出:

(1)总经理性别与并购类型不显著正相关。因为样本公司中总经理性别比例高达大约96%,因此总经理性别对并购类型影响无法得到充分检验。最高层管理者中女性比例太少,因此,性别差异对公司决策的影响很小。

(2)总经理的年龄与并购类型不显著正相关,总经理年龄对

并购类型没有显著影响。

(3)总经理学历与并购类型不显著正相关,总经理学历对并购类型没有显著影响。

(4)总经理是否有经济管理类相关工作经历与并购类型在5%的显著性水平上负相关。总经理有经济管理类相关工作经历的,越容易选择多元化并购,而总经理没有经济管理类相关工作经历的,则容易选择相关并购。这可能是因为从事技术类的工作而非经济管理类工作的总经理更注重产品和技术方面,注重生产协同效应和技术、资源的互补,而从事经济管理类相关工作的总经理可能更关注多元化并购带来的财务协同效应,而且有经济管理类相关工作经历的总经理可能更有信心管理毫无关联的目标企业,因此可能过度自信而进行多元化并购。

(5)总经理任职时间与并购类型不显著正相关,总经理任职时间对并购类型没有显著影响。

2.多变量回归结果

从并购类型对总经理背景特征的多变量回归结果可以看出:总经理年龄、性别、学历、相关工作经历和任职时间都与并购类型没有显著的相关关系。总经理的个人背景特征对并购类型没有显著的影响,这个结果表明总经理在公司重大决策中没有发挥应有的作用。

本章小结

管理层在公司决策中起着重要的作用,但是以前的研究往往把管理者作为一个整体来研究管理者与所有者的代理关系。从Hambrick 和 Mason 于 1984 年提出了“高层梯队理论”以来，有众

表 4—6　总经理特征与并购类型回归结果表

	(1)总经理性别		(2)总经理年龄		(3)总经理学历		(4)总经理工作经历		(5)总经理任职时间		(6)总经理背景多变量	
	系数	Z值	系数	Z值	系数	Z值	系数	Z值	系数	Z值	系数	Z值
截距项	-1.0264	-0.97	-1.1001	-1.08	0.2070	0.13	-0.3022	-0.25	-1.2892	-1.25	1.4180	0.74
Gend	-0.1036	-0.3									-0.2795	-0.41
Age			-0.0347	-0.31							0.1251	0.58
Degree					0.1731	1.08					0.2185	1.16
Job							-0.4147	-2.32**			-0.4041	-1.35
Time									0.0002	0.81	0.0001	0.22
Size	0.1178	1.64*	0.1211	1.68*	-0.0108	-0.09	0.1204	1.51	0.1230	1.71*	-0.0444	-0.35
Roa	2.3731	2.37**	2.3720	2.37**	3.5164	1.99**	2.0588	1.84*	2.3679	2.34**	2.8171	1.47
Mstock	7.45E-10	0.3	7.52E-10	0.3	5.62E-08	1.52	1.79E-09	0.49	7.35E-10	0.29	4.50E-08	1.31
Year	控制		控制		控制		控制		控制		控制	
Indusrty	控制		控制		控制		控制		控制		控制	
观测值	1343		1342		494		1102		1323		440	

续表

	(1)总经理性别		(2)总经理年龄		(3)总经理学历		(4)总经理工作经历		(5)总经理任职时间		(6)总经理背景多变量	
	系数	Z值	系数	Z值	系数	Z值	系数	Z值	系数	Z值	系数	Z值
LRchi2()	65.14		63.93		38.23		56.31		64.84		29.33	
Pseudo R2	0.0519		0.0511		0.0849		0.0558		0.0525		0.0748	
Log likelihood	-594.8068		-593.6787		-206.1254		-476.8526		-584.9124		-181.4224	

注：* 表示在10%水平上显著，** 表示5%水平上显著，*** 表示1%水平上显著，皆为双尾检验。

多的学者研究了管理者的背景特征对战略决策和公司绩效的影响。也有学者研究了管理层的背景特征对过度投资行为的影响(姜付秀等,2009),但是还缺乏对管理者背景特征对并购决策的研究。本章用我国上市公司2001—2009年之间的数据,实证检验了管理层的背景特征以及董事长和总经理的个人背景特征对并购类型决策的影响。

研究结果表明,管理层的背景特征中,管理层的年龄和管理层的规模对并购类型有显著影响,管理层的年龄越大,管理层的规模越大,公司越容易选择相关并购,反之,则容易选择无关多元化并购。而单变量回归中发现管理层的性别和管理层的任职时间对并购类型也有显著影响。这个结果表明,管理层的背景特征对公司的并购决策由重要影响。对董事长和总经理的个人特征对并购类型的影响中发现,董事长的年龄越大,学历越高,越容易选择相关并购。总经理的个人特征对并购类型决策没有显著影响。

这个结果也表明在我国上市公司中,董事长的决策权大于总经理,总经理没有完全发挥其职权。这个研究结果对我国的公司治理结构提出了有益的思考,董事长和总经理的职权设置是否合理,总经理是否应该对公司的经营管理和战略决策发挥更大的作用。而且,既然管理层的背景特征对并购类型有显著影响,公司在选聘管理者时应该考虑管理者的背景,设置合理的任职期限,以更有利于公司的发展。

本章的研究有很强的现实意义,同时,本章的研究也丰富了高层管理者和并购结合的相关理论研究。

第五章　公司治理结构与并购类型

传统的经济学家把公司看做生产函数(Coase,1937),这种观点把劳动(含管理者)和资本看做生产要素,很少涉及股东、董事会和管理者之间的关系。新古典经济学家把公司看做合同关系(Alchian and Demsetz,1972;Jensen and Meckling,1976;Fama,1980)。Berle 和 Means(1932)的经典论文《现代企业与私有产权》是公司治理研究的理论基础。他们关注现代企业的所有权与经营权的分离造成的代理问题。Jensen 和 Meckling(1976)进一步定义了代理问题和代理成本,认为代理问题是委托人和代理人之间的契约。Fama(1980)认为代理成本是管理者(内部股东)与外部股东或者控股股东与小股东之间的利益冲突。而公司治理则是控制这些利益冲突的机制。Zingales(1998)认为"公司治理是涉及股权设置、资本结构、管理者的激励计划、董事会、兼并收购等一系列影响公司利益分配过程的机制"。John 和 Senbet(1998)认为"公司治理是股东、债权人、公司员工、供应商等利益相关者对公司内部人及管理者实施控制并且使其利益得到保护的机制。"La Porta 等(2000)认为"公司治理是外部投资者保护自己的投资不被经理人或大股东等内部人占用的一系列机制。"这些定义都涉及所有权与控制权分离引起的利益冲突,认为公司治理是控制这些利益冲突的机制。

并购是公司的一项战略决策,管理层是否能做出符合股东利益的决策取决于公司治理的好坏。Bishop(2002)认为好的公司治理有三个方面:监督管理层;向股东报告;监督公司战略,包括监督和评价长期战略。公司治理水平高的公司,管理层受到监督和控制,能做出更符合公司发展和外部投资者利益的并购决策,公司战略也更符合公司的发展要求。而公司治理差的公司,管理层则可能做出更符合自己利益的并购决策。因此,本书考察公司治理对并购类型选择的影响,研究上市公司的治理结构是否在管理层决策中发挥了应有的作用。本书主要从董事会和监事会特征、管理层激励、股权结构三个角度来分析公司治理结构对并购类型选择的影响。

第一节 假设形成

一、董事会和监事会特征对并购类型选择的影响

董事会是现代公司治理的重要机制,作为联系股东与经理层的纽带,董事会是现代公司内部治理结构的核心。董事会最主要的责任是:(1)对管理层建议、监督、评价、更换。(2)设计高管薪酬。(3)通过主要的公司决策,比如并购。因此,董事会对并购类型的选择决策有很重要的作用,研究董事会的治理特征对并购类型的影响至关重要。监事会与董事会并立,独立地行使对董事会、总经理、高级职员及整个公司管理的监督权。监事会的特征将影响董事会及高层管理者对并购类型的选择的决策。对董事会和监事会的研究可以归纳为几类:

1.董事会规模

一般而言,规模较大的董事会集中了更多的专业技能,可能做出更符合公司利益的决策,使得 CEO 的支配可能性下降,因此,大

规模的董事会对公司有促进作用。而近来的研究则认为小的董事会规模容易达成一致的结论,因此,能更好地监督管理者。Jensen(1993),Lipton 和 Lorsch(1992)认为大的董事会规模会引起功能失调和低效率。Yermack(1996)认为一般小的董事会规模与公司业绩正相关。Core, Holthausen 和 Larcker (1999)发现 CEO 从大规模董事会中获得更高的报酬。然而,Grinstein 和 Hribar (2004)发现大的董事会对管理层支付更小的并购利益。Masulis 等(2006)则发现董事会规模与并购方的股票回报无关。可见,对董事会规模的研究没有一致的结论。对于并购类型的战略选择,董事会规模大,可能会造成决策难以统一,达成统一的决策的时间可能更长。但是并购是公司的一项重大的战略决策,关系到公司的长远发展和战略变化,决策时间增长可能会让董事会和管理层更谨慎地考虑自己的选择,最终董事会可能会通过风险相对较小、增加企业价值的并购战略,选择相关并购。而如果董事会规模小,则可能容易达成一致意见,难以制约管理层进行获取个人利益的并购。

基于以上分析,我们提出假设 1:董事会规模越大,越容易选择相关并购;董事规模越小,越容易选择无关多元化并购。

2.外部董事和董事会的独立性

从理论上来说,独立董事制度能提高公司董事会的独立性,保证董事会规范、公正的运作。Fama (1980), Fama 和 Jensen (1983)建议董事会中有独立的外部董事。Hermalin 和 Weisbach (1988)发现外部独立董事在公司的管理层变更和业绩较差时容易加入公司。Byrd 和 Hickman (1992)发现当外部独立董事比例接近 60% 时,要约收购更有效,会获得更高的收益。Brickley, Coles 和 Terry (1994)研究发现,采用“毒丸计划”的公司,有独立董事的公司有正的市场反应,而没有独立董事的公司则有负的市场反应。Rosenstein 和 Wyatt(1990,1997)发现外部独立董事增加会引起并购宣告的积极的股价反应,而对内部董事增加有消极的反应。王跃堂等(2006)的研究发现独立董事与公司业绩有微弱的正相关关系。叶康涛等(2007)发现独立董事的比例越高越有利于减少大股东的资金占用。最近的研究中,有学者认为独立董事应该发挥咨询作用,独立董事具备良好的教育背景和职业背景,其加入董事会将提升公司决策科学性(Byrd and Mizruchi,2005;Kroszner and Strahan,2001;Agrawal and Knoeber,1996,2001)。

但是也有观点认为独立董事制度有消极的影响,更多的独立董事能否带来更高的公司业绩和做出更有利于股东的决策,不能确定(Bhagat and Black,1999; Hermalin and Weisbach,2003)。Agrawal 和 Knoeber(1996)认为董事会因为政治原因扩张会导致独立董事太多,但是这些独立董事对提高公司的业绩并没有帮助。胡勤勤和沈艺峰(2002)、谭劲松(2003)、萧维嘉等(2009)发现独立董事与公司业绩之间没有显著正相关关系甚至还是显著负相关关系。

外部独立董事的人数和比例增多能够增强董事会的独立性,对管理层的监督和约束作用更强,可能会减少管理层为了私人利益进行的多元化并购。但是由于并购决策是一项综合性的战略决策,内部董事更了解公司的战略和公司的内部发展情况,可能做出更符合公司发展的选择。外部董事虽然独立性更强,但是独立董事可能对公司的了解不太全面,不太深入,在做出并购类型的决策时不一定更有效。因此,独立董事人数和比例对并购类型的选择有两种影响,到底哪种影响更强无法确定。

基于以上分析,我们提出假设 2:独立董事的比例对并购类型的影响不能确定。

3.董事会会议的频率

Vafeas(1999)发现公司的股价下跌之后,公司开董事会会议的次数显著增多,董事会会议次数的增加会提高公司的营运效率。而Jensen(1993)则持有相反的观点,他认为由于外部董事相互之间没法充分交流,外部董事与管理层之间沟通也有限,董事会会议的作用有限。于东智(2003)发现当年度的董事会会议的次数与以前期间绩效负相关,而与以后年度绩效正相关。杨清香等(2009)证实了董事会会议频度抑制了公司财务舞弊。董事会有对并购决策讨论并通过的功能,董事会会议次数多,则对并购决策的讨论更充分,能更有效的选择适合本公司的并购战略和并购类型。而且,董事会对管理层有监督和制约作用,增加董事会会议次数,会对管理层的制约作用增强,管理层会做出更符合公司利益而不是个人利益的并购决策。

基于以上分析,我们提出假设3:董事会的会议次数越多,公司越容易选择相关并购;董事会会议次数越少,公司越容易选择多元化并购。

4.董事会薪酬和持股水平、监事会持股比例

董事会的薪酬水平越高,则董事会受到的激励越多,越可能努力工作,增强董事会作用的发挥。为了保持其高额的薪酬,董事会成员会加强对管理层的监督,做出更符合公司利益的决策。如果董事会薪酬水平比较低,则可能会为了增加薪酬而实行多元化并购,因为多元化会带来公司规模的扩大和薪酬的提高。我国上市公司中有一部分董事不领取薪酬,他们在关联方或其他单位领取薪酬。不在上市公司领取薪酬的董事相对来说比较独立,个人利益与公司利益的冲突相对较小,因此,可能会做出对公司发展有利

的决策。因此,不领取薪酬的董事的比例越高,则更可能选择相关并购。Carline, Linn 和 Yadav(2007)发现董事持股比例与公司业绩提高正相关,但是整体影响被董事会成员的股权分散减弱。杨清香等(2009)发现董事会持股比例与会计舞弊正相关。李增泉(2000)研究表明,董事长的持股比例与公司经营业绩存在微弱的正相关关系,理论上持股制度虽然可以有利于提高公司绩效,但大部分董事成员持股比例都比较低,因而不能发挥其应有的作用。于东智(2003)发现董事持股制度有利于公司业绩的提高。夏冬林、过欣欣(2001)认为,董事的股权激励实现了管理层和公司的利益的结合,比单纯的现金奖励或年薪制更为合理。董事会持股水平和监事会持股水平越高,则董事会、监事会与股东的利益冲突越小,越有可能对管理者的决策进行监督和指导。因此,董事会薪酬水平越高,持股比例越高,越容易选择对公司利益有利的并购类型,即相关并购;而董事会持股比例越低,则越容易选择对管理层更有利的并购类型,即多元化并购。

基于以上分析,我们提出假设 4:董事会、监事会的薪酬水平和持股水平越高,公司越容易选择相关并购;薪酬水平和持股比例越低,公司越容易选择多元化并购。董事中不领取薪酬的比例越高,公司越容易选择相关并购;董事中不领薪酬的比例越低,公司越容易选择多元化并购。

5.监事会规模

监事会对公司董事会和管理层进行监督,能增强公司治理的效果。我国自从 2001 年开始在上市公司实行独立董事制度以来,形成独立董事和监事会并存的局面,二者有一定的冲突。监事会的作用能否发挥,有不同的研究结论。李维安、张亚双(2002)认为监事会功能虚化。王立彦等(2002)通过认为目前监事会制度需要强化。薛祖云和黄彤(2004)发现监事会规模与会计信息质量显著相关。孙敬水、孙金秀(2005)发现监事会规模与持股比例对公司绩效没有显著的影响。有研究认为我国监事会规模普遍较小,不能发挥应有的作用。因此,监事会规模越大,其监督能力越强,管理层和董事会越能做出符合公司利益的决策。

基于以上分析,我们提出假设5:监事会规模越大,公司越容易选择相关并购,监事会规模越小,公司越容易选择无关多元化并购。

6.董事会专业委员会的设立

董事会专业委员会是增强我国上市公司董事会独立性和有效性的重要制度安排。作为董事会职能的进一步细化,董事会专业委员会既代表董事会负责某个相对独立领域的日常运作和决策,又就该领域重要决策向董事会提供咨询和建议,有利于提高董事会运作的独立性、有效性和控制风险。专业委员会成员全部由董事组成,其中审计委员会、提名委员会、薪酬与考核委员会中独立董事应占多数并担任召集人。审计委员会通过对管理层的监督来保证信息质量。一个公司有效的审计委员会能够有效地监督管理层的管理绩效和实施有效的监管责任(Zahra and Pearce,1989)。薪酬委员会通过对激励约束机制的考核和建议来解决管理层工作的努力程度问题。提名委员会通过选聘合格的经理人员保证治理效果,加强对管理层的制约。战略委员会则研究和建议公司长期发展战略和重大的投资决策。牛建波、刘旭光(2008)的研究发现,设立专业委员会会改善公司治理。因此,董事会四个委员会的设立是独立董事制度的延伸,专业委员会的设立会增强董事会的决策能力,能增强对管理层的监督和制约,并对管理层提出建议,有利于管理层制定科学的决策。并购是公司的一项重大的战略决策，董事会专业委员会的设立能帮助企业管理层进行更符合公司发展和股东价值的并购类型的选择。

基于以上分析，我们提出假设 6：董事会专业委员会设立越多，越有利于公司做出相关并购决策；董事会专业委员会设立越少，公司越容易选择无关多元化并购。

7.董事长与 CEO 二职兼任

CEO 兼任董事长有更大的决策权。如果一项制度安排通过集中信息和决策权力提高了决策制定能力，则这项制度安排是有效的。然而，如果这种制度安排的权力过于集中，个人将最大化自己的利益，会产生不良影响。Jensen（1993）认为要使董事会有效率，必须使 CEO 和董事长这两个职位分别任用不同的人员。Brickley 等（1997）发现 CEO 和董事长二职合一的公司业绩也不差。Pi 和 Timme（1993），Baliga 等（1996），Rechner 和 Dalton（1991）发现二职合一的公司比其他公司业绩更差。Core，Holthausen 和 Larcker（1999）发现 CEO 与董事长兼任会导致 CEO 薪酬较高。Goyal 和 Park（2002）发现 CEO 与董事长兼任降低了由于公司业绩更换管理者的可能性。Masulis 等（2006）没有发现收购方的股票收益受到领导者制度安排的影响。Ronald，Wang 和 Xie（2007）的研究发现 CEO 和董事长二职分任的并购有更高的超额宣告收益。Belkhir（2009）的研究认为 CEO 和董事长二职兼任对董事会有较大的影响，可能会引起外部监管机制的失效。Malmendier 和 Tate（2008）认为当董事长和总经理两职合一时，管理者的权力更大，他们的自大情绪也因此增强，管理者更容易独断专行。两职分离会对管理者的权力有一些制衡，减少他们的自大情绪。基于以上的研究，董事长和总经理兼任可能造成兼任董事长的总经理有更大的决策权，可能做出对自身利益更相关的决策，因此,有可能选择对公司价值产生损害的多元化并购。而董事长和总经理由不同的人分别担任,则管理者权力受到制约,会做出更符合股东利益和公司发展的并购决策,选择相关并购。

基于以上分析,我们提出假设7:董事长兼任总经理的公司更可能选择多元化并购;而董事长和总经理分别由不同的人担任的公司则更可能选择相关并购。

二、薪酬激励对并购类型的影响

由于信息不对称及目标函数的不一致,经理人的投资决策往往会背离公司价值最大化的财务目标。Jensen 和 Meckling(1976)认为设计合理的经理人薪酬合同能够缓解经理人自利行为引发的代理问题。Giorgio 和 Arman (2008) 发现美国的高管报酬与企业业绩具有强相关性。李增泉(2000)、魏刚(2000)认为公司规模、行业属性以及所在地区决定经理人员的薪酬,与公司经营业绩没有显著相关。但是张俊瑞等(2003)、杜胜利和翟艳玲(2005)却得出了经理人薪酬与公司业绩显著正相关的结论。Carpenter 和 Sanders(2002)研究发现,如果高管薪酬反映了股东利益和公司的主要政策和战略,则高管行为会提高公司的业绩。因此,管理层的薪酬水平和薪酬结构都对并购决策产生影响。一般来说,管理层的薪酬金额越高,则管理层受到的激励越强,可能降低代理成本,使管理者做出有利于公司的决策;而管理层薪酬过低,则可能有多元化以扩大公司规模和增加薪酬的冲动。

基于以上分析,我们提出假设8:管理层薪酬水平越高,管理层越容易进行相关并购;管理层薪酬水平越低,管理层越容易进行无关多元化并购。

而有的上市公司管理人员不在公司领取薪酬,公司的并购决策对他们的利益没有直接影响，因此，他们可能会对其他领取薪酬的管理者有制约作用，使管理层的决策更符合公司的利益，而不是管理层的利益。不领取薪酬的管理人员比例越高，其制约和监督作用越明显。

基于以上分析，我们提出假设9：管理层中不领取薪酬的比例越高，则公司越容易进行相关并购；管理层中不领取薪酬的比例越低，则公司越容易进行多元化并购。

Jensen 和 Meckling(1976)认为如果管理层持有较高比例的公司股份，可以和股东利益一致。Lewellen 等(1985)对直接的管理层股权比例、Datta 等(2001)对股权为基础的薪酬做了研究，发现管理层的动机和并购后的价值重估有正相关关系。Morck 等(1988)发现管理层股权比例不一定和公司价值正相关。Stulz(1988)认为股权和价值是非线性的关系。这些学者认为，有足够高水平的股权，管理者的控制权私人收益超出了他们作为股东的决策的成本，与公司价值潜在的负相关。Morck 等(1988)、Hubbard 和 Palia (1995) 发现了公司并购与股权的非线性关系。然而，Martin(1997)认为当股权被当做外生变量时，股权与公司价值或者公司价值变化是伪相关的。Morck, Shleifer 和 Vishny(1988)研究了管理者持股与公司绩效(用托宾 Q 值表示)的关系，发现管理层持股比例不同，对公司绩效的影响也不同，管理层持股比例在 5%以下时，托宾 Q 单调递增；管理者持股比例在 5%到 25%之间时，托宾 Q 下降；管理者持股比例超过 25%时，托宾 Q 恢复递增的趋势。但是采用会计利润 ROA 作为公司绩效指标时，这种趋势只在管理层持股 5%以下区间成立。Maconnell 和 Servaes(1990), Hermalin 和 Weisbach(1988)、Himmelberg 等(1999)也做了相关研究，Demsetz 和 Villalonga(2001)的综述认为这些研究都没有给出管理层持股与公司业绩之间联系的足够令人信服的证据。高明华(2001)等的研究也表明管理层持股比例并未对公司绩效带来显著影响,可能是因为我国上市公司管理层持股比例较低。在并购决策中,管理层和股东往往有利益冲突,以往的研究也表明管理层经常做出不利于股东的并购决策。Travlos 和 Waegelein (1992)发现管理层持股和激励计划与宣告日的累积超额收益正相关。Ueng (1998)发现有相对于工资比较大额的持股比例的管理者更可能实行提高股东财富的并购。Datta 等 (2001)发现股权基础的薪酬的比例带来较高的并购超额收益。这些研究都支持这样的观点:管理层在并购决策中不是为了股东利益而是为了他们私人的利益。因此,管理层持股可能缓和管理层和股东的冲突,把管理层的利益和股东的利益统一起来,管理层持股比例高,则可能选择能给股东带来价值增长的相关并购,而管理层持股比例低,则可能选择无关多元化并购,对股东价值虽然不利,但是对管理层有利。

基于以上分析,我们提出假设 10:管理层持股比例越高,公司越容易选择相关并购;管理层持股比例越低,公司越容易选择多元化并购。

三、股权结构对并购类型的影响

股权结构包括股权持有比例和股权性质两个方面。传统的公司理论注重股东和管理层的冲突(Berle and Means, 1932; Jensen and Mechling, 1976; Shleifer and Vishny, 1986; Barclay and Holderness, 1989)。他们认为公司的所有权集中程度与公司的经营绩效成正比。而后来的研究,确指出股权过分集中可能造成大股东和小股东之间的利益冲突,大股东可能侵占小股东的权益

(Shleifer and Vishny,1997;La Porta et al.,2000)。陈小悦和徐晓东(2001)发现第一大股东持股比例与企业业绩在非保护性行业正相关。孙永祥和黄祖辉(1999)的研究发现第一大股东持股比例与托宾Q值为倒U型关系。曾颖、叶康涛(2005)则认为第一大股东持股比例与企业价值是U型关系。

大股东对管理层和股东利益的协调有替代或互补作用。因为小股东发现搭便车成本有效(Shleifer and Vishny,1986),如果大股东比其他股东更倾向于监管董事会,则当存在大股东时,董事会在做出并购决策时更考虑股东的利益。大股东对并购决策的实证证据不一致。Duggal 和 Miller(1999)发现股权制度与并购宣告期间的股票收益无关。这种股权制度安排的被动性也被 Masulis,Wang 和 Xie(2006),Gremers 和 Nair(2005),Gillan 和 Starks(2000),Karpoff,Malatesta 和 Walking(1996),Wahil(1996)的研究所支持。而林晓辉和吴世农(2008)的实证结果发现多元化与控股股东持股比例之间线形正相关关系。雷辉等(2009)研究了股权结构对成为目标公司的可能性的影响。

Smith(1976),Salamon 和 Smith(1979)认为公司股权分散时,相关的信息不能及时到达投资者。我国上市公司中大股东控股比例比较高,对公司的董事及高层管理人员的选聘和任命都发挥着重大的作用,大股东股权比例越高,对公司的控制和影响越大,对董事会和高管的监督作用越强。而且,大股东能迅速获得决策的相关信息,降低内部人造成的信息不对称程度,因此,大股东股权比例越高,公司越可能选择符合股东利益的并购类型,也就是相关并购,而大股东股权比例越低,则公司越可能选择不符合股东利益的并购类型,即多元化并购。而大股东之间利益虽然存在冲突,但是由于相关并购能为公司带来价值增长,大股东都能获得利益,因此,其他大股东股权比例的提高也有利于监督管理者,使管理者做出符合股东利益的决策。

基于以上分析,我们提出假设11:大股东的持股比例越高,公司越容易选择相关并购;大股东持股比例越低,公司越容易选择多元化并购。

Lioukas,Bourantas 和 Papadakis(1993),Mintzberg(1973)研究了公司控制对决策制定过程的影响。他们认为所有权的类型和控制类型对决策制定过程有影响,国家控股的公司会有国家的干预,在决策制定中受国家文化的影响。Papadakis,Lioukas 和 Chambers(1998)的研究发现多种因素研究影响战略决策过程,包括公司控制人的背景特征。上市公司实际控制人的性质也会对并购决策产生影响。

上市公司的实际控制人可以分为两种类别,国有控股和民营控股。民营上市公司,往往规模比较小,集中在竞争性比较强的行业,有强烈的扩张冲动,往往实行"先做大、后做强"的战略,而其实力和行业优势比较差,进行相关并购的实力不足,而且,民营上市公司想通过并购来实现行业转型。因此,民营控股的上市公司更可能实行多元化。而国有控股的上市公司,一般处于垄断和公共事业等行业,已经积累了相当多的资源和优势,更有实力进行相关并购。而且国有控股上市公司一般股权比较集中,大股东对公司并购的影响力比较大,因此,国有股上市公司更容易进行相关并购。

基于以上分析,我们提出假设12:国有控股的上市公司更容易进行相关并购;民营控股的上市公司更容易进行多元化并购。

第二节　数据与变量

一、数据与样本

样本选择区间是我国上市公司2001—2009年之间的数据。

并购类型的样本，从Wind数据库中并购事件数据中整理，选择符合以下标准的数据：(1)并购活动已经完成。(2)当年仅发生过一次并购。(3)收购方是2001年以前上市的A股公司（包括既发行A股，又发行B股和H股的公司）。(4)一年内对同一公司进行的多次并购视同一次并购。(5)剔除金融行业的数据。

公司治理数据选用了国泰安经济金融研究数据库中的数据。为了避免内生性，公司治理变量指标选用并购前一年的数据。

二、模型与变量

1.变量设定

本章选择表示董事会特征、薪酬激励、股权结构的几类变量进行分析。具体变量定义见表5—1。在国泰安数据库中，高管包括总经理、总裁、CEO、副总经理、副总裁、董事会秘书和年报上公布的其他管理人员（包括董事中兼任的高管人员）。管理层包括高管、董事会、监事会的成员。本书根据国泰安数据库的定义界定相关的指标。

(1)被解释变量

并购类型，分为两类，相关并购取值为1，无关多元化并购取值为0。

(2)解释变量

董事会和监事会特征变量选用：董事会规模、独立董事比例、监事会规模、董事会持股数量、监事会持股数量、董事会下设委员会设立个数、董事会下设四个专业委员会个数、董事会会议次数、监事会会议次数、董事长与总经理兼任情况。

薪酬激励变量选用:管理层薪酬水平、前三名高管的薪酬、不领取薪酬的管理者比例、高管持股、管理层持股。

股权结构选用:第一大股东持股比例、前三大股东持股比例、前五大股东持股比例、前十大股东持股比例、Z 指数和 S 指数以及公司实际控制人的性质。本书还用 H 指数的几种计算方式,包括对第一大股东持股比例的平方和、前三位大股东的持股比例的平方和、前五位大股东的持股比例的平方和、前十位大股东的持股比例的平方和作了回归,结果与选用的几个股权集中度的指标一致,在此不列示其结果。

(3)控制变量

根据以往的研究,选用公司规模、资产负债率、总资产收益率、总资产增长率、行业和年度等几个控制变量。

表 5—1　公司治理结构变量定义表

变量代码	变量名称	变量定义
Mtype	并购类型	0 为无关并购(多元化),1 为相关并购
Panel A 董事会和监事会特征		
Director	董事会规模	董事人数(含董事长)
Idrate	独立董事比例	独立董事人数/董事会人数
Supervisor	监事会规模	监事会人数(含监事会主席)
Top3b	前三名董事的薪酬	前三位董事的薪酬,不包含董事领取的津贴

续表

变量代码	变量名称	变量定义
Bncomp	不领取薪酬的董事比例	不领取薪酬的董事人数/董事总人数
Dstock	董事会持股数量	董事会持股金额
Tcommittee	委员会设立总数	董事会下设委员会设立的数量
Committee	四委设立个数	董事会下设四个委员会设立的数量
Bmeeting	董事会会议次数	每年开董事会会议的次数
Smeeting	监事会会议次数	每年开监事会会议的次数
Dul	董事长总经理二职兼任	董事长同时担任总经理,取值为1,董事长和总经理由不同的人担任,取值为0
Panel B 薪酬激励		
Compensation	高管薪酬	高管人员的薪酬
Top3m	前三名高管的薪酬	前三位高管的薪酬,不含高管领取的津贴
Ncomp	不领取薪酬的管理者比例	不领取薪酬的管理者人数/管理者总人数
Smstock	高管持股数量	高管持股数量
Mstock	管理层持股	管理层持股数量
Panel C 股权结构		
Cen1	股权集中度1	公司第一大股东持股比例
Cen2	股权集中度2	公司前三大股东持股比例之和
Cen3	股权集中度3	公司前五大股东持股比例之和
Cen4	股权集中度4	公司前十大股东持股比例之和

续表

变量代码	变量名称	变量定义
Zindex	Z 指数	公司第一大股东与第二大股东持股比例的比值
Sindex	S 指数	公司第二大股东至第十大股东持股比例之和
Controller	实际控制人性质	民营=0:个人、集体及其他,国有=1:国有企业、政府和资产管理部门
Panel D 控制变量		
Size	公司规模	选取公司总资产的自然对数
Debt	资产负债率	流动负债/总负债
Roa	总资产收益率	净利润/总资产余额
Tagrowth	总资产增长率	(期末总资产－期初总资产)/期初总资产
Industry	行业虚拟变量	根据证监会划分 13 个行业,剔除金融行业,所以设置 11 个虚拟变量
Year	年度虚拟变量	以 2001 年为基准,设置 8 个虚拟变量

2.回归模型

在以往研究的基础上,本书选用如下回归模型,进行 Logit 回归。模型左边是并购类型,右边是表示公司治理的三类变量和控制变量。

$Mtype=\beta_0+\beta_1$ 董事会和监事会特征 $+\beta_2$ 薪酬激励 $+\beta_3$ 股权结构 $+\beta_4 controlvarables_i+\varepsilon$

首先,对每个类别的变量单独回归。然后在所有类别的变量中,选择一些单变量中显著而且互相之间不相关的变量,放入模型进行回归。

三、描述性统计

1.描述性统计结果

表 5—2　公司治理结构变量描述性统计表

Panel A 董事会和监事会特征						
变量	观测值	均值	中位数	最小值	最大值	标准差
Mtype	1547	0.8138	1	0	1	0.3894
Director	1510	9.5093	9	2	19	2.118
Idrate	1510	0.3192	0.3333	0	0.6	0.1065
Supervisor	1510	4.0967	3	1	13	1.3901
Top3b	1401	699668.7	466000	0	14700000	863571.2
Bncomp	1510	0.308	0.3333	0	1	0.2257
Dstock	1534	4120625	2000	0	910000000	33400000
Sstock	1534	152521	0	0	57000000	1751334
Tcommittee	1391	2.7153	4	0	7	1.7851
Committee	1393	2.6619	4	0	4	1.7489
Bmeeting	1212	8.9208	8	3	35	3.8173
Smeeting	1211	4.2766	4	1	16	1.7563
Dul	1524	0.1207	0	0	1	0.3259
Panel B 薪酬激励						
Compensation	1481	1978574	1400000	0	40000000	2375783
Top3m	1451	757587.4	546400	0	9010000	761037.5
Ncomp	1511	0.2383	0.25	0	1	0.1651
Smstock	1534	1252887	0	0	130000000	8455560
Mstock	1534	4329201	11771	0	910000000	3.40E+07

续表

Panel C **股权结构**						
Cen1	1372	0. 3945	0. 3786	0. 0997	0. 7647	0. 1644
Cen2	1372	0. 5215	0. 5305	0. 1974	0. 8848	0. 1505
Cen3	1372	0. 5549	0. 561	0. 2246	0. 9127	0. 1475
Cen4	1372	0. 5874	0. 6022	0. 2433	0. 9176	0. 1449
Zindex	1372	26. 406	5. 3274	1. 0202	390. 3529	61. 3418
Sindex	1372	0. 1921	0. 1683	0. 0089	0. 5326	0. 1358
Controller	1503	0. 6234	1	0	1	0. 4847

描述性统计结果如表 5—2 所示，我们可以发现：

（1）从董事会和监事会特征的描述性统计可以看出：董事会的规模的均值为 9. 5093，中位数是 9，最大值是 19，最小值是 2，标准差为 2. 118，可以看出公司董事会规模平均为 9 人，大概在 7—11 人之间。独立董事比例均值是 0. 3192，中位数是 0. 3333，2001 年 8 月发布的《关于在上市公司建立独立董事制度的指导意见》规定：在 2002 年 6 月 30 日前，董事会成员中应当至少包括 2 名独立董事；在 2003 年 6 月 30 前，上市公司董事会成员中应当至少包括三分之一独立董事。从描述性统计中可以看出，大部分上市公司独立董事规模都控制在这个比例。前三名董事薪酬均值是 699668. 7 元，中位数是 466000 元，最高值 14700000 元，标准差是 863571. 2 元，表明上市公司董事薪酬差距很大，由于我国国有控股的上市公司薪酬受到管制，有些公司高管薪酬金额比较小，我国上市公司存在大量在职消费，而且有的董事是兼任的，不在上市公司领取薪酬。我国上市公司不领取薪酬的董事比例平均为 0. 308，大约有三分之一的董事不领取薪酬。监事会的规模均值是

4.0967,中位数是3,最大值是13,最小值是1,标准差是1.3901,不同的公司监事会规模相差不是特别大。董事会持股均值是4120625,中位数是2000,最大值是910000000,标准差是33400000,表明上市公司董事会持股比例差异很大,持股比例不是很高。董事会下设委员会设立总数均值是2.7153,中位数是4,标准差是1.7851。董事会下设战略决策委员会、审计委员会、薪酬委员会、提名委员会四委的个数均值是2.6619,中位数是4,标准差是1.7489。表明上市公司大部分都设立了四个委员会。董事会会议的次数平均一年为9次,监事会会议的次数平均为4次。董事长和总经理二职兼任的均值是0.1207,中位数是0,可以看出董事长和总经理二职兼任的公司约为12%。

(2)高管薪酬的的均值是1978574,中位数是1400000,标准差是2375783,高管薪酬最大值是40000000,最小值是0,这有可能是因为公司披露不完整,或者有的高管不在上市公司领取薪酬。但是根据研究,我国上市公司高管有大量的在职消费,所以高管薪酬不能完全反映高管真正的报酬。同样,前三位高管的薪酬也存在比较大的差异。管理层不领取薪酬的比例平均为0.2383。而且可以看出不同的公司高管持股和管理层持股数量差异比较大,总体上来说持股金额较小,持股比例较低。

(3)第一大股东持股比例的均值是0.3945,中位数是0.3786,可见我国上市公司第一大股东持股比例很高。前三大股东持股比例均值是0.5215,中位数是0.5305,前三大股东的持股比例平均超过50%,我国上市公司的股权集中度很高。前五大股东持股比例的均值是0.5549,中位数是0.561。可以看出我国上市公司前三大股东持股比例很高,而第四大股东和第五大股东持股比例相对较小。前十大股东持股比例均值是0.5874,中位数是0.6022。

可以发现我国上市公司第六到第十位股东的持股比例相对较低。我国上市公司的前三大股东在上市公司股权结构中占有重要地位。Z 指数是第一大股东与第二大股东持股比例的比值，Z 指数的均值是 26.4060，中位数是 5.3274，最小值是 1.0202，最大值是 390.3529，标准差是 61.3418，可见不同的公司之间 Z 指数的差异很大，但是总体来说，Z 指数很高，说明我国上市公司第一大股东占据优势地位。S 指数表明第二大股东到第十大股东的股份之和，表明第二到第十大股东对第一大股东的制衡程度。均值是 0.1921，中位数是 0.1683，最小值是 0.0089，最大值是 0.5326，标准差是 0.1358。从数据中可以看出，S 指数比第一大股东持股比例数值小很多，说明我国上市公司第一大股东占绝对优势，其他大股东对其制衡比较有限。公司股权性质的平均值是 0.6234，中位数是 1，说明上市公司国有控股的占大多数，民营控股的上市公司比例较小。

2.相关系数表

由表 5—3 可以初步看出：

（1）董事会规模、监事会规模与并购类型显著正相关，董事长与总经理二职兼任与并购类型显著负相关，其他变量和并购类型没有显著相关关系。

（2）管理层薪酬、前三位高管薪酬、不领薪酬的管理层的比例与并购类型显著正相关，高管持股与管理层持股与并购类型不相关。

（3）第一大股东持股比例、前三大股东持股比例、前五大股东持股比例、前十大股东持股比例都与并购类型在 1% 显著性水平上正相关；Z 指数和 S 指数与并购类型正相关，但是不显著。

（4）公司实际控制人的类别与并购类型在 1% 的显著性水平上正相关。

表 5—3　公司治理与并购类型相关系数表

Panel A 董事会和监事会治理与并购类型

	Mtype	Director	Idrate	Supervisor	Top3b	Bncomp	Dstock	Sstock	Tcommittee	Committee	Bmeeting	Smeeting	Dul
Mtype	1												
Director	0.0788 ***	1											
Idrate	0.0295	-0.0875 ***	1										
Supervisor	0.0565 **	0.3283	-0.0858	1									
Top3b	0.0356	0.0805 ***	0.1225 ***	0.0088	1								
Bncomp	0.0196	0.1043	-0.2951	0.059	-0.2448	1							
Dstock	0.0197	-0.0391	0.0396	-0.077	0.101	-0.1107	1						
Sstock	0.0054	-0.0565	0.0281	-0.0479	0.0197	-0.0783	0.3319	1					
Tcommittee	0.0221	0.0053	0.4993	-0.0372	0.18	-0.2195	0.0558	0.041	1				
Committee	0.0182	0.0004	0.5012	-0.039	0.1535	-0.2177	0.0571	0.0439	0.9874	1			
Bmeeting	-0.0053	-0.0377	0.0764	-0.0602	0.0618	-0.0155	0.0365	-0.0033	0.1305	0.1257	1		
Smeeting	0.0291	-0.0299	0.0708	0.0589	0.1086	-0.0553	0.0446	0.0128	0.1837	0.1826	0.2941	1	
Dul	-0.0709 ***	-0.1065 ***	0.0475 *	-0.0868 ***	0.0213	-0.1263 ***	0.0446 *	-0.0024	-0.0003	-0.0002	-0.0083	-0.0011	1

续表

Panel B 薪酬激励与并购类型													
	Mtype	Compensation	Top3m	Ncomp	Smstock	Mstock							
Mtype	1												
Compensation	0.0687 ***	1											
Top3m	0.0695 ***	0.909 ***	1										
Ncomp	0.0442 *	-0.2328	-0.1331	1									
Smstock	0.0264	0.107 ***	0.1001 ***	-0.1352	1								
Mstock	0.0204	0.0702 ***	0.0702 ***	-0.1156 ***	0.5862	1							
Panel C 股权结构与并购类型													
	Mtype	Cen1	Cen2	Cen3	Cen4	Zindex	Sindex	Controller					
Mtype	1												
Cen1	0.1204 ***	1											
Cen2	0.1361 ***	0.7776 ***	1										
Cen3	0.1414 ***	0.6937 ***	0.9776 ***	1									
Cen4	0.1503 ***	0.6234 ***	0.9273 ***	0.9778 ***	1								

续表

Panel C 股权结构与并购类型													
Zindex	0.0281	0.4654 ***	0.2206 ***	0.1565 ***	0.1014 ***	1							
Sindex	0.0161	-0.549 ***	0.0442	0.1996 ***	0.309 ***	-0.4629 ***	1						
Controller	0.1158 ***	0.3046 ***	0.2119 ***	0.1700 ***	0.1356 ***	0.1612 ***	-0.2234 ***	1					

注：***、**、*分别表示在1%、5%、10%水平上显著。

第三节　实证结果

一、董事会和监事会特征对并购类型的影响

首先对选取的董事会特征和监事会特征变量在控制了其他变量的情况下进行逐步回归，分析每个变量对并购类型选择的影响，然后把所有变量放入模型进行回归，得到的结果如表5—4所示，我们可以发现：

1.董事会规模的系数是0.0901，Z值是2.44，在5%显著性水平上与并购类型正相关，董事会规模越大，越容易选择相关并购，董事会规模越小，越容易选择多元化并购。虽然有研究认为董事会规模越大协调成本越高，越不容易达成一致意见，会降低董事会的决策效率，但是规模增大，可以形成比较稳妥的建议，考虑各个利益相关者的利益，形成对公司发展有利的建议，董事会规模的扩大会增强决策的效果。因此，我们假设董事会规模与并购类型成正比。回归的结果支持了我们的假设。

2.独立董事比例的系数是-1.7818，Z值是-1.35，与并购类型负相关，但是不显著。表明独立董事比例高的公司可能选择多元化并购，独立董事比例低的公司可能选择相关并购。独立董事虽然增加了董事会的独立性，但是可能对公司内部信息了解不充分，做出的决策不如内部董事做出的决策更符合公司利益。虽然有研究认为独立董事的加入会提高董事会的决策效率，但是我国的大部分研究发现独立董事的加入并没有增强董事会的效率。这可能是因为规定了上市公司独立董事的最低比例，但是上市公司本身并没有冲动和动力去聘请独立董事，只是遵照规定执行，而且上市公司的独立董事比例大部分都在规定的三分之一左右。因

此，独立董事对并购类型的决策没有产生显著影响。

3.监事会规模的系数是0.0978，Z值是1.66，监事会规模在10%的显著性水平上与并购类型正相关，监事会规模越大，越容易选择相关并购，监事会规模越小，越容易选择多元化并购。监事会规模的扩大可以更好的发挥监事会的监督作用，尽管有研究认为我国上市公司的监事会并没有发挥应有的监督作用，但是我们的回归结果表明，在并购类型的决策上，监事会的规模越大，越容易形成对公司股东有利的决策，监事会发挥了其监督的作用。

4.前三名董事薪酬的系数是6.79E—08，Z值是0.58，前三名董事的薪酬对并购类型没有显著影响。不领取薪酬的董事的比例越高，董事会可能越不能有效发挥作用，我们的实证结果表明，不领薪酬的董事比例的系数是0.3420，Z值是0.99，与并购类型不相关。董事的薪酬越高，对董事的激励作用越强，董事可能更能发挥其作用，但是薪酬的绝对数额并不能反映其实际的收入，许多研究证明我国上市公司管理层存在大量在职消费。而不在本公司领取薪酬的董事，可能在上市公司关联方领取薪酬，而且可能有大量的在职消费，因此，薪酬对董事的激励作用有限。

5.董事会持股数的系数是8.80E—10，Z值是0.35，与并购类型正相关，但是不显著。可能由于我国上市公司董事会持股比例过低，对董事的行为不能产生显著影响。

6.董事会下设委员会的个数的系数是-0.0649，Z值是-1.19，与并购类型负相关，但是不显著。董事会下设四委个数的系数是-0.0708，Z值是-1.27，与并购类型负相关，但是不显著。由于大多数上市公司设置委员会的个数没有太大差异，因此，董事会下设委员会和四委的个数并不能对并购类型的决策产生显著影响。

7.董事会会议次数的系数是-0.0043,Z值是-0.21,与并购类型负相关,但是不显著。监事会会议次数的系数是0.0402,Z值是0.83,与并购类型正相关,但是不显著。虽然董事会会议次数和监事会会议次数都对并购类型选择没有显著影响,但是我们可以发现董事会会议次数与并购类型负相关,而监事会会议次数与并购类型正相关。因此,董事会会议次数的增多对其决策并没有显著影响,但是监事会会议次数的增多会加强对董事会的监督。

8.董事长和总经理二职兼任的回归系数是-0.5323,Z值是-2.6,在5%的显著性水平上二职兼任与并购类型负相关。董事长和总经理二职兼任,则公司容易多元化并购,董事长和总经理两个职位由不同的人担任,则公司容易进行相关并购。这个结果支持了我们的假设。董事长与总经理二职兼任的公司,董事长兼任的总经理决策权力更大,而且可以利用其内部人的身份对董事会施加影响,由于信息不对称,其他的董事不能充分了解并购决策的相关信息,对其监督减弱。兼任董事长的总经理可能会倾向于选择对自身利益有利而不利于公司发展的并购类型决策,因此选择多元化。而董事长和总经理由不同的人担任,则能有效地约束其权力,制定更符合公司发展的决策,选择相关并购。

9.董事会治理特征多变量综合回归结果见表5—4中第(12)个回归的结果,我们可以看出:只有董事会规模和董事长总经理二职兼任对并购类型的选择有显著影响。董事会规模越大,而且董事长与总经理由不同的人担任的上市公司越容易选择相关并购,董事会规模越小,而且董事长兼任总经理的上市公司越容易选择无关多元化并购。虽然有研究认为董事会规模越大,越不容易做出统一决策,但是最终做出的决策可能是一种风险更小的决策,是对企业发展更有利的决策。董事会规模的扩大可以形成一种制衡

表5—4　董事会和监事会治理与并购类型回归结果表

	(1)董事会规模	(2)独董比例	(3)监事会规模	(4)前三名董事薪酬	(5)不领薪酬董事比例	(6)董事会持股	(7)委员会个数	(8)四委个数	(9)董事会会议次数	(10)监事会会议次数	(11)董事长总经理兼任	(12)
	系数	系数	系数	系数	系数	系数	系数	系数	系数	系数	系数	系数
	(Z值)	(Z值)	(Z值)	(Z值)	(Z值)	(Z值)	(Z值)	(Z值)	(Z值)	(Z值)	(Z值)	(Z值)
截距项	-1.2174	-1.3260	-1.3589	0.4033	-1.5710	-1.0995	-1.3111	-1.2479	-1.4282	-1.5472	-0.5550	1.1776
	(-0.74)	(-0.81)	(-0.83)	(0.22)	(-0.95)	(-0.68)	(-0.78)	(-0.74)	(-0.78)	(-0.85)	(-0.34)	(-0.49)
Director	0.0901**											0.1345***
	(2.44)											(2.65)
Idrate		-1.7818										0.4895
		(-1.35)										(0.28)
Supervisor			0.0978*									0.0802
			(1.66)									(1.03)
Top3b				6.79E-08								3.11E-08
				(0.58)								(0.19)
Bncomp					0.3420							0.4742
					(0.99)							(1.04)

续表

	(1)董事会规模	(2)独董比例	(3)监事会规模	(4)前三名董事薪酬	(5)不领薪酬董事比例	(6)董事会持股	(7)委员会个数	(8)四委个数	(9)董事会会议次数	(10)监事会会议次数	(11)董事长总经理兼任	(12)
	系数	系数	系数	系数	系数	系数	系数	系数	系数	系数	系数	系数
	(Z值)	(Z值)	(Z值)	(Z值)	(Z值)	(Z值)	(Z值)	(Z值)	(Z值)	(Z值)	(Z值)	(Z值)
Dstock						8.80E-10						1.38E-08
						(0.35)						(1.15)
Tcommittee							-0.0649					0.0170
							(-1.19)					(0.05)
Committee								-0.0708				-0.1361
								(-1.27)				(-0.38)
Bmeeting									-0.0043			-0.0172
									(-0.21)			(-0.7)
Smeeting										0.0402		0.0273
										(0.83)		(0.46)
Dul											-0.5323	-0.8944***
											(-2.6**)	(-3.32)

续表

	(1)董事会规模	(2)独董比例	(3)监事会规模	(4)前三名董事薪酬	(5)不领薪酬董事比例	(6)董事会持股	(7)委员会个数	(8)四委个数	(9)董事会会议次数	(10)监事会会议次数	(11)董事长总经理兼任	(12)
	系数	系数	系数	系数	系数	系数	系数	系数	系数	系数	系数	系数
	(Z值)	(Z值)	(Z值)	(Z值)	(Z值)	(Z值)	(Z值)	(Z值)	(Z值)	(Z值)	(Z值)	(Z值)
Size	0.0331	0.0817	0.0606	0.0165	0.0850	0.0747	0.0884	0.0873	0.1058	0.1035	0.0482	-0.0809
	(0.42)	(1.07)	(0.78)	(0.2)	(1.11)	(1)	(1.13)	(1.12)	(1.24)	(1.22)	(0.63)	(-0.69)
Debt	0.2426	0.2462	0.2435	0.2435	0.2377	0.2365	0.2732	0.2690	0.1347	0.1324	0.3120	0.3613
	(1.13)	(1.22)	(1.15)	(1.08)	(1.16)	(1.13)	(1.14)	(1.13)	(0.63)	(0.63)	(1.21)	(0.81)
Roa	2.1361**	2.257**	2.178**	2.0223**	2.1846	1.987**	2.0308**	2.0203**	1.827*	1.8081*	2.1777**	2.35569**
	(2.31)	(2.51)	(2.34)	(2.15)	(2.39)	(2.21)	(2.07)	(2.06)	(1.9)	(1.89)	(2.32)	(1.73)
Tagrowth1	0.2211	0.2169	0.2330	0.3021	0.2170	0.2173	0.2171	0.2157	0.1824	0.1847	0.2393	0.2657
	(1.22)	(1.19)	(1.27)	(1.47)	(1.19)	(1.21)	(1.18)	(1.17)	(0.96)	(0.98)	(1.31)	(1.11)
Year	控制											
Indusrty	控制											
观测值	1354	1354	1354	1265	1354	1378	1252	1393	1200	1199	1368	842
Lrchi2( )	77.09	72.82	73.85	73.24	71.99	73	63.09	64.49	56.65	56.6	80.94	82.81

续表

	(1)董事会规模	(2)独董比例	(3)监事会规模	(4)前三名董事薪酬	(5)不领薪酬董事比例	(6)董事会持股	(7)委员会个数	(8)四委个数	(9)董事会会议次数	(10)监事会会议次数	(11)董事长总经理兼任	(12)
	系数	系数	系数	系数	系数	系数	系数	系数	系数	系数	系数	系数
	(Z值)	(Z值)	(Z值)	(Z值)	(Z值)	(Z值)	(Z值)	(Z值)	(Z值)	(Z值)	(Z值)	(Z值)
Pseudo R2	0.0588	0.0556	0.0564	0.0608	0.055	0.0547	0.0517	0.0476	0.0475	0.0475	0.0611	0.1004
Log Likelihood	-616.5107	-618.6461	-618.1336	-566.1634	-619.0611	-630.8668	-578.8257	-645.54	-567.976	-567.7805	-621.8893	-370.909

注：***、**、*分别表示在1%、5%、10%水平上显著，皆为双尾检验。

机制，权衡利益相关者的利益，做出一种符合大多数利益相关者的决策。董事会规模过小，则不能有效制约公司管理者，尤其对董事长兼任总经理的上市公司，比较小的董事会规模难以对其权力进行制约，这样的公司的管理者容易做出扩大公司规模以增强自己的资源控制能力和经济利益的多元化并购决策，并且容易对董事会施加影响来通过这种决策。其他的董事会治理特征对公司并购类型的选择没有显著影响，独立董事的比例对并购类型的选择没有显著影响，独立董事在公司董事会中发挥的作用有限。董事的薪酬对并购决策的影响也不大。董事会持股对并购类型的选择没有显著影响，可能是因为董事会持股比例比较低，股权薪酬在董事会薪酬总额中占的比例较低，对管理层决策的影响比较小。董事会会议的次数和监事会会议的次数对并购类型的选择也没有显著影响。

二、薪酬激励对并购类型的影响

在控制了其他变量的情况下，首先对选取的薪酬激励的变量进行逐步回归，分析每个变量对并购类型选择的影响，然后把所有变量放入模型进行回归，得到的结果如表 5—5 所示，我们可以发现：

1.管理层的薪酬金额的系数是 9.28E-08，Z 值是 1.76，管理层薪酬与并购类型在 10%的水平上显著正相关。管理层的薪酬金额越高，公司越容易选择相关并购，管理层的薪酬金额越少，公司越容易选择多元化并购。因为这个回归结果是在控制了公司规模、盈利能力和发展能力之后做出的，说明管理层薪酬越高的公司，管理层的管理效率越高，代理冲突越小，越容易选择横向并购和纵向并购，以增加企业的价值；而管理层的薪酬金额越低的公司，管理层越容易想通过多元化并购扩大公司规模，以增强自己的资源控制能力，从而提高管理层的薪酬水平。

2.前三名高管的薪酬金额的系数是2.35E-07，Z值是1.65，前三名高管薪酬与并购类型在10%的水平上显著正相关。前三名高管一般是公司的核心决策者，高管薪酬越高，越容易进行相关并购，高管薪酬越低，越容易进行多元化并购。与前面的分析类似，高管薪酬高的公司，管理效率和决策能力越强，因而更容易进行相关并购，而高管薪酬低的公司，则想通过多元化来提高自己的薪酬水平。

3.管理层不领取薪酬的比例的系数是0.7711，Z值是1.66，管理层不领取薪酬的比例越高，公司越容易进行相关并购，管理层不领取薪酬的比例越低，公司越容易进行多元化并购。这个结果表明管理层领取不薪酬比例低的公司，管理层更关心并购给自身薪酬带来的影响，代理成本更高，因此更容易进行多元化。而管理者不领取薪酬比例高的公司，管理者的独立性更强，并购对管理者的薪酬没有直接影响，代理成本比较小，公司管理层更容易选择相关并购，做出对公司发展和股东财富有利的决策。

4.高管持股的系数是5.52E-09，Z值是0.53，高管持股与并购类型不显著正相关。管理层持股的系数是9.17E-10，Z值是0.37，管理层持股对并购类型也没有显著影响。这可能是因为我国管理层和高管持股数量过少，持股比例低，对管理层的决策没有显著影响。

5.把所有变量放入回归模型中，进行回归。因为管理层的薪酬和前三位高管的薪酬相关度很高，因此，只能选择其中一个变量回归。我们分别对其中一个变量与其他变量一起放入模型回归，得到的回归结果类似，在此只报告了其中一个结果。如表5—5中第(6)个回归的结果所示，我们发现多变量回归中，管理层的薪

表 5—5　薪酬激励和股权激励与并购类型回归结果表

	(1)管理层薪酬金额		(2)前三名高管薪酬		(3)管理层不领薪酬比例		(4)高管持股		(5)管理层持股		(6)多变量回归	
	系数	Z 值	系数	Z 值	系数	Z 值	系数	Z 值	系数	Z 值	系数	Z 值
截距项	1.0882	0.59	0.9574	0.52	-1.7648	-1.06	-1.1251	-0.7	-1.0994	-0.68	0.5006	0.26
Compensation	9.28E-08	1.76*									1.13E-07	2.05**
Comp3m			2.35E-07	1.65*								
Ncomp					0.7711	1.66*					1.3179	2.67***
Smstock							5.52E-09	0.53			8.96E-09	0.57
Mstock									9.17E-10	0.37	1.39E-09	0.37
Size	-0.0241	-0.28	-0.0057	-0.07	0.0904	1.18	0.0761	1.02	0.0747	1	-0.0207	-0.23
Debt	0.2160	0.99	0.2193	1.01	0.2320	1.14	0.2379	1.13	0.2366	1.13	0.2049	0.96
Roa	1.5794	1.77*	1.7972	1.97**	2.1869	2.39**	1.9733	2.19**	1.9866	2.21**	1.6911	1.87*
Tagrowth	0.3546	1.73*	0.3025	1.5	0.2203	1.21	0.2128	1.18	0.2170	1.21	0.3436	1.66*
Year	控制		控制		控制		控制		控制		控制	
Indusrty	控制		控制		控制		控制		控制		控制	

续表

	(1)管理层薪酬金额		(2)前三名高管薪酬		(3)管理层不领薪酬比例		(4)高管持股		(5)管理层持股		(6)多变量回归	
	系数	Z值	系数	Z值	系数	Z值	系数	Z值	系数	Z值	系数	Z值
观测值	1334		1310		1355		1378		1378		1311	
Lrchi2( )	77.67		73.57		73.887		73.16		73.02		84.27	
Pseudo R2	0.0608		0.0587		0.0564		0.548		0.0547		0.0672	
Log Likelihood	-600.31851		-590.0419		-618.32514		-630.78929		-630.85939		-584.89832	

注：***、**、*分别表示在1%、5%、10%水平上显著，皆为双尾检验。

酬和管理层不领取薪酬的比例与并购类型显著正相关,与前面单变量回归结果一致。管理层的薪酬越高,管理层不领取薪酬的比例越高,公司越容易选择相关并购;管理层的薪酬越低,管理层不领取薪酬的比例越低,公司越容易选择多元化并购。

三、股权结构对并购类型的影响

在控制了其他变量的情况下,首先对选取的股权结构的变量进行逐步回归,分析每个变量对并购类型选择的影响,然后把再选择几个变量放入模型进行回归,得到的结果如表 5—6 和表 5—7 所示,我们可以发现:

1.第一大股东持股比例的回归系数是 1.4268 ,Z 值是 2.73,在 1%的显著性水平上,第一大股东持股比例与并购类型正相关。第一大股东的持股比例越高,公司越容易进行相关并购,第一大股东持股比例越低,公司越容易进行多元化并购。股权集中度高,有利于公司进行并购决策。前三大股东持股比例的回归系数是 1.861,Z 值是 3.2,在 1%的显著性水平上,前三大股东持股比例与并购类型正相关。前三大股东的持股比例越高,公司越容易进行相关并购,前三大股东持股比例越低,公司越容易进行多元化并购。前五大股东持股比例的回归系数是 2.0307,Z 值是 3.42,在 1%的显著性水平上,前五大股东持股比例与并购类型正相关。前五大股东的持股比例越高,公司越容易进行相关并购,前五大股东持股比例越低,公司越容易进行多元化并购。前十大股东持股比例的回归系数是 2.2001,Z 值是 3.69,在 1%的显著性水平上,前十大股东持股比例与并购类型正相关。前十大股东的持股比例越高,公司越容易进行相关并购,前十大股东持股比例越低,公司越容易进行多元化并购。由以上结果我们可以看出,股权集中度对并购类型有显著影响，股权集中度高的公司容易选择相关并购，股权集中度低的公司容易选择多元化并购。而且，我们还发现，随着变量由第一大股东持股比例变化到前十大股东持股比例，股权集中度的系数不断增大，Z值也不断变大，说明前十大股东对并购类型的选择都有显著影响，并购决策受到大股东的影响。

2.Z指数的回归系数是0.0016，Z值是1.15，Z指数与并购类型正相关，但是不显著。第一大股东与第二大股东持股比例的比值对并购类型的选择没有显著影响，可能是因为第一大股东占绝对优势，第二大股东对第一大股东的制衡作用很有限，不能发挥第二大股东对决策的影响力。

3.S指数的回归系数是0.352，Z值是0.6，S指数与并购类型正相关，但是不显著。公司第二大股东到第十大股东的持股比例之和反映了其他大股东对第一大股东的制衡作用，对并购类型的选择没有显著影响，说明第二大股东到第十大股东对公司并购决策的影响力很有限。

4.表5—6中第(7)个回归是加入第一大股东持股比例和S指数回归，发现第一大股东持股比例的系数是2.3728，Z值是3.76，S指数的系数是1.9132，Z值是2.63。这个结果表明第一大股东持股比例和第二到第十大股东持股比例均对并购类型的决策产生影响，但是第一大股东发挥的作用更强大。股权集中度对并购类型的选择产生正面影响，股权集中度高的公司更倾向于选择相关并购，股权集中度低的公司越倾向于选择多元化并购。而且第二大股东到第十大股东与第一大股东对并购类型的影响方向相同，都对并购类型的选择产生正向影响。

5.表5—6中第(8)个回归是加入第一大股东持股比例和Z指数、S指数回归，第一大股东持股比例的系数是2.2477，Z值是

表 5—6　股权比例和并购类型回归结果表

	(1)第一大股东持股比例		(2)前三大股东持股比例		(3)前五大股东持股比例		(4)前十大股东持股比例		(5)Z 指数		(6)S 指数		(7)		(8)	
	系数	Z 值	系数	Z 值	系数	Z 值	系数	Z 值	系数	Z 值	系数	Z 值	系数	Z 值	系数	Z 值
截距项	-1.0911	-0.63	-0.2826	-0.56	-2.3664	-1.31	-2.5516	-1.41	-1.1214	-0.65	-1.4013	-0.79	-2.3747	-1.29	-2.4473	-1.33
Cen1	1.4268	2.73***											2.3728	3.76***	2.2477	3.44***
Cen2			1.8610	3.2***												
Cen3					2.0307	3.42***										
Cen4							2.2001	3.69***								
Zindex									0.0016	1.15					0.0011	0.7
Sindex											0.3520	0.6	1.9132	2.63***	2.0657	2.72***
Size	0.0573	0.71	0.0808	0.99	0.0897	1.1	0.0908	1.11	0.0798	1.01	0.0939	1.17	0.0820	0.99	0.0831	1
Debt	0.2824	1.19	0.2930	1.26	0.2894	1.27	0.2806	1.26	0.2798	1.21	0.2696	1.22	0.2798	1.24	0.2840	1.25
Roa	1.5241	1.67*	1.4489	1.6	1.4221	1.58	1.3453	1.5	1.8065	1.96**	1.7972	1.96**	1.3055	1.46	1.3245	1.48
Tagrowth	0.4575	1.94*	0.4011	1.72*	0.3652	1.58	0.3322	1.45	0.4734	2.04**	0.4443	1.92*	0.3483	1.5	0.3496	1.51
Year	控制		控制		控制		控制		控制		控制		控制		控制	

续表

	(1)第一大股东持股比例		(2)前三大股东持股比例		(3)前五大股东持股比例		(4)前十大股东持股比例		(5)Z指数		(6)S指数		(7)		(8)	
	系数	Z值	系数	Z值	系数	Z值	系数	Z值	系数	Z值	系数	Z值	系数	Z值	系数	Z值
Indusrty	控制		控制		控制		控制		控制		控制		控制		控制	
观测值	1237		1237		1237		1237		1237		1237		1237		1237	
Lrchi2( )	73.78		76.56		78.03		79.97		67.61		66.53		80.9		81.41	
Pseudo R2	0.0629		0.0653		0.0665		0.0682		0.0576		0.0567		0.0689		0.0694	
Log Likelihood	-549.75596		-548.36561		-547.6315		-546.66228		-552.84113		-553.38163		-546.19913		-545.94305	

注：***、**、*分别表示在1%、5%、10%水平上显著，皆为双尾检验。

3. 44，Z 指数的回归系数是 0. 0011，Z 值是 0. 7，S 指数的系数是 2. 0657，Z 值是 2. 72。说明第一大股东持股比例与第二到第十大股东持股比例都与并购类型显著正相关，而第二大股东对第一大股东没有起到有效的制衡作用。

6.从表 5—7 中第(1)个回归的结果我们可以看出，国有上市公司容易选择相关并购，而民营公司容易选择多元化并购。以往的研究认为国有控股公司的代理成本比较大，会选择多元化并购。但是这个结果正好相反。这可能是因为民营上市公司所在的行业往往是竞争性比较强的行业，民营企业想通过并购进军其他行业，所以容易进行多元化并购。

7.我们加入第一大股东持股比例、第二到第十大股东持股比例和股权性质变量回归，结果如表 5—7 中第(2)个回归的结果所示，我们可以发现这三个指标的回归系数都是正数，而且都在 1% 水平上与并购类型显著正相关。可以得出结论：股权集中度越高的国有控股公司越容易选择相关并购，股权分散的民营控股公司容易选择多元化并购。

我们另外用 H 指数的几种计算方式，包括第一大股东持股比例的平方和、前三位大股东的持股比例的平方和、前五位大股东的持股比例的平方和、前十位大股东的持股比例的平方和加入模型进行了稳健性检验，发现这几个指数都与并购类型的选择在 1% 显著性水平上正相关。

表 5—7 股权性质与并购类型回归结果表

	(1)股权性质		(2)股权比例与性质	
	系数	Z 值	系数	Z 值
截距项	-0. 4652	-0. 28	-1. 9373	-1. 03

续表

	（1）股权性质		（2）股权比例与性质	
	系数	Z 值	系数	Z 值
Controller	0. 5054	3. 26***	0. 4452	2. 61***
Cen1			2. 1347	3. 31***
Sindex			1. 9911	2. 71***
Size	0. 0237	0. 3	0. 0491	0. 57
Debt	0. 2955	1. 17	0. 3398	1. 3
Roa	2. 2931	2. 45**	1. 6391	1. 75*
Tagrowth1	0. 2357	1. 32	0. 3467	1. 51
Year	控制		控制	
Indusrty	控制		控制	
观测值	1362		1223	
Lrchi2( )	82. 6		87. 11	
Pseudo R2	0. 0626		0. 0752	
Log Likelihood	-618. 3483		-535. 7720	

注：***、**、*分别表示在1%、5%、10%水平上显著，皆为双尾检验。

四、公司治理结构对并购类型的综合影响

把本章的几个角度的公司治理特征放入回归模型，我们得到如表5—8所示。我们可以发现：

1.董事会规模系数是0. 0994，Z值是1. 78，董事会规模与并购类型显著正相关。董事长与总经理二职兼任的系数是-0. 7189，Z值是-2. 44，二职兼任与并购类型显著负相关。第一大股东持股比例的系数是2. 9127，Z值是3. 25，第一大股东持股比例与并购类型显著正相关。Sindex的系数是2. 5724，Z值是2. 38，第二大股东到第十大股东持股比例之和与并购类型显著正相关。公司的实

际控制人的系数是 0. 3960,Z 值是 1. 72,公司的实际控制人与并购类型正相关。这个结果表明:董事会的规模、股权集中度和国有控股对并购类型的选择有正向的影响,董事会规模大、股权集中度高、国有控股的上市公司容易选择相关并购,董事会规模小、股权集中度低、民营控股的上市公司容易选择多元化并购。而董事长和总经理二职合一对并购类型的选择产生不利影响,二职合一的上市公司更容易选择多元化并购。

2.其他的公司治理特征,包括独立董事、监事会规模、董事会下设委员会的设立、董事会会议、薪酬激励、高管持股等变量对并购类型的选择没有显著影响。

由这个结果我们可以得到一些启示:董事长与总经理二职合一对公司的并购决策产生不利影响,容易损害公司的价值。以后应该采用董事长与总经理二职分设的制度,以削弱兼任二职的总经理的控制权。有些应该发挥作用的治理机制并没有发挥应有的作用,因此,在公司治理结构的安排中,我们要注意这些方面,采取更为有效的激励和监督机制,以降低代理成本。

表 5—8　公司治理对并购类型回归结果表

	系数	Z 值
截距项	−0. 7143	−0. 25
Director	0. 0994	1. 78*
Idrate	−0. 3831	−0. 2
Supervisor	0. 0832	0. 98
Top3b	−3. 59E−09	−0. 02
Bncomp	0. 1513	0. 29
Dstock	1. 02E−08	0. 82

续表

	系数	Z 值
Tcommittee	-0.0882	-0.25
Committee	0.0033	0.01
Bmeeting	0.0086	0.32
Smeeting	-0.0068	-0.11
Dul	-0.7189	-2.44***
Cen1	2.9127	3.25***
Zindex	0.0001	0.07
Sindex	2.5724	2.38**
Controller	0.3960	1.72*
Size	-0.0596	-0.45
Debt	0.4921	1.09
Roa	1.9959	1.49
Tagrowth	0.3175	1.12
Year	控制	
Indusrty	控制	
观测值	755	
Lrchi2( )	83.04	
Pseudo R2	0.1133	
Log Likelihood	-324.9237	

注：***、**、* 分别表示在1%、5%、10%水平上显著，皆为双尾检验。

本章小结

公司治理一直是大家研究的热点问题，本章以我国上市公司2001—2009年的数据为基础，从公司治理特征对并购类型决策的影响的角度进行了实证检验。研究结果表明，董事会的规模、股权集中度、国有控股对上市公司并购类型的选择有正面影响，而董事长与总经理二职合一对公司并购类型决策产生不利影响。独立董事、监事会规模、董事会下设委员会的设立、董事会会议、薪酬激励、高管持股等治理机制并没有发挥有效的作用。因此，本章的研究结论对我国的公司治理结构安排提供了有意义的证据。我们应该加强研究如何增强公司治理以减少这种可能给公司带来价值损失的无关多元化并购。同时，本章的研究丰富了公司并购和公司治理的理论研究。

第六章　政府干预与并购类型

前面三章主要从公司内部决策的角度研究了各种因素对并购类型决策的影响。与西方成熟市场的并购不同,政府干预在我国上市公司并购过程中处于重要地位。由于我国股票市场的最初定位是为国有企业筹集资金,国有控股的上市公司占有很大比重,国有股一股独大,决定了政府会干预上市公司的重组过程。而且有些上市公司的董事长和总经理直接由国有资产管理部门任命。因此,管理层作出的决策肯定会受到政府干预的影响。具体来说,政府干预上市公司并购有几个动机:第一,政府作为资产的所有者追求国有资产的保值增值,有通过资产重组进行资源配置的冲动。第二,在经济改革过程中,绝大多数国有企业都承担着政策性负担,这些企业缺乏市场竞争能力,在这些企业遇到困难时,政府不得不出面组织重组。第三,政府把并购重组作为产业结构调整的手段,实现产业结构的调整和升级。政府一方面要将重点扶持的产业和企业推向市场,另一方面也要挽救严重亏损的上市公司。第四,地方政府官员为了个人利益和政治晋升对本区域的企业并购重组进行干预,以完成中央政府对其政绩的考核指标。而且,上市公司的管理层可能有政府官员背景,与政府部门有密切的联系。因此,政府对并购的干预将影响上市公司的并购决策,影响其对并购类型的选择。本章将从政府干预的角度研究其对并购类型选择的影响。

第一节 假设形成

上市公司的实际控制人可以分为两种类别，国有控股和民营控股。国有控股上市公司又分为中央控股和地方控股，其中中央控股包括中央国企和中央国资委、中央机关控股，地方控股包括地方政府、地方国资委和地方国企控股。中央控股的上市公司由于其集中于涉及国民经济命脉、重要自然资源采掘、新兴工业制造和重大基础设施建设的行业，其并购决策受到国家的监管，而且国家近几年实施通过国企并购重组形成有竞争力的大企业的战略，其并购重组往往由中央政府推动，因此，中央控股的上市公司更容易实行相关并购。最近一些年来，地方政府为了地方经济的发展也进行了地方企业的优化组合，也推动上市公司进行行业整合，但是也有许多研究表明，地方控股的上市公司受到地方政府的干预和保护比较多，更容易进行多元化并购。

基于以上分析，我们提出假设1：实际控制人为中央控股的上市公司，容易选择相关并购；实际控制人为地方控股的上市公司，更容易实行多元化并购。

我国上市公司受到政府干预的影响比较大，尤其受到同一地方政府管辖的上市公司，政府可能会因为政绩或者扶持困难企业、促进就业等目的促使这些上市公司进行并购，并不一定站在收购方股东价值增值的角度，上市公司管理层受到政府的影响比较大，因此上市公司可能选择无关多元化并购。而不受同一地方政府管辖的，上市公司受到政府干预的影响比较小，因此，上市公司管理层可能更能从公司自身的发展出发进行并购决策，进行相关并购。方军雄（2008）的研究发现地方政府控制的企业更容易进行无关并购。

基于以上分析,我们提出假设2:并购双方受同一地方政府管辖的,更容易实行多元化并购;不受同一地方政府管辖的,则容易选择相关并购。

第二节　数据和变量

一、数据与样本

样本选择区间是我国上市公司2001—2009年之间的数据。因为本章研究政府干预对并购类型的影响,而民营上市公司受到政府干预的影响比较小,因此,本章的样本与前面几章有所不同,只选择国有控股的上市公司样本。

并购类型的样本,从Wind数据库中并购事件数据中整理,选择符合以下标准的数据:(1)并购活动已经完成。(2)当年仅发生过一次并购。(3)收购方是2001年以前上市的A股公司(包括既发行A股,又发行B股和H股的公司)。(4)一年内对同一公司进行的多次并购视同一次并购。(5)剔除金融行业的数据。

政府干预数据选用了国泰安经济金融研究数据库中的数据。

二、模型与变量

1.变量设定

本章选择表示政府干预的变量进行分析。具体变量定义见表6—1。

(1)被解释变量

并购类型分为两类,相关并购取值为1,无关多元化并购取值为0。

(2)解释变量

政府干预的变量选用实际控制人的级别和并购双方是否属于同一地方政府管辖两个变量。实际控制人的级别有两种:地方控股和中央控股,中央控股取值为1,地方控股取值为0。并购双方属于同一地方政府管辖取值为1,否则取值为0。

(3)控制变量

根据以往的研究,选用公司规模、资产负债率、总资产增长率、总资产收益率、董事会规模、董事长与总经理是否兼任、行业和年度等几个控制变量。

表6—1　政府干预和并购类型变量定义表

变量代码	变量名称	变量定义
被解释变量		
Mtype	并购类型	0为无关并购,1为相关并购
政府干预变量		
Controller2	控制人级别	0为地方控股、1为中央控股
Partrd	同属管辖	并购双方属同一地方政府管辖取值为1,否则为0
控制变量		
Size	公司规模	选取公司总资产的自然对数
Debt	资产负债率	负债总额/资产总额
Tagrowth	总资产增长率	(期末总资产-期初总资产)/期初总资产
Roa	总资产收益率	净利润/总资产余额

续表

变量代码	变量名称	变量定义
Director	董事会规模	董事人数(含董事长)
Dul	董事长总经理二职兼任	董事长同时担任总经理,取值为1,董事长和总经理由不同的人担任,取值为0
Industry	行业虚拟变量	根据证监会划分13个行业,剔除金融行业,所以设置11个虚拟变量
Year	年度虚拟变量	以2001年为基准,设置8个虚拟变量

2.模型

在以往研究的基础上,本书选用如下回归模型,进行Logit回归。模型左边是被解释变量并购类型,右边是表示政府干预的解释变量和控制变量。

Mtype = β_0+β_1 政府干预+$\beta_2$controlvarasi+ε

政府干预变量有两个:实际控制人的级别和并购双方是否由同一地方政府管辖,分别把其放入模型回归。

三、描述性统计

1.描述性统计结果

表6—2　政府干预和并购类型描述性统计表

变量	观测值	均值	中位数	最小值	最大值	标准差
Controller2	937	0.3223	0	0	1	0.4676

续表

变量	观测值	均值	中位数	最小值	最大值	标准差
Partrd	441	0.5442	1	0	1	0.4986
Size	824	21.5869	21.5117	17.5291	27.1034	1.1053
Debt	937	0.5217	0.5117	0.0328	14.4736	0.5018
Roa	937	0.0373	0.0364	-1.2802	0.5898	0.0822
Tagrowth1	915	0.2124	0.1180	-0.7505	3.8249	0.4105
Director	909	9.8273	9	5	19	2.1135
Dul	919	0.0827	0	0	1	0.2756

政府干预与并购类型的描述性统计结果如表6—2所示，我们可以发现：

（1）样本公司中实际控制人有两种级别，中央控股和地方控股，均值为0.3223，中位数为0，说明地方控股的上市公司在样本公司中比例比较高。

（2）样本公司中并购双方是否属于同一地方政府管辖，均值为0.5442，中位数为1，表明并购双方属于同一地方政府管辖的上市公司所占比例比较高。

2.相关系数表

由表6—3可以初步看出：

（1）实际控制人级别与并购类型相关系数为0.02，实际控制人级别与并购类型正相关，但是在统计上不显著。

（2）并购双方是否由同一地方政府管辖与并购类型的相关系数为0.1068，在5%的水平上显著。

表 6—3　政府干预和并购类型相关系数表

	Mtype	Controller2	Partrd	Size	Debt	Roa	Tagrowth	Director	Dul
Mtype	1								
Controller2	0.02	1							
Partrd	0.1068**	−0.0605	1						
Size	0.1011***	0.1141***	0.034	1					
Debt	−0.013	−0.0212	0.0141	−0.1061***	1				
Roa	0.0868***	0.0268	0.068	0.2328***	−0.2441***	1			
Tagrowth	0.0196	0.05	−0.0352	0.1143	−0.0155	0.2477	1		
Director	0.1053***	0.0957***	0.0208	0.2621***	−0.0473	0.0959***	0.057*	1	
Dul	−0.095***	−0.1146***	0.0079	−0.0732**	0.014	−0.0482	−0.0091	−0.0692**	1

注：***、**、* 分别表示在 1%、5%、10%水平上显著。

第三节　实证结果

分别把实际控制人级别和并购双方是否属于同一地方政府管辖两个变量加入模型进行回归，得到的实证结果如表6—4所示，我们可以发现：

(1)实际控制人级别的回归系数为-0.1013，Z值为-0.45，实际控制人级别与并购类型负相关，但是在统计上不显著，研究结果没有支持假设1。这个结果表明实际控制人的级别对并购决策没有显著影响。

(2)并购双方是否由同一地方政府管辖与并购类型的相关系数为0.7408，在5%的水平上显著正相关。并购双方由同一地方政府管辖的上市公司，容易选择相关并购；并购双方不是同一地方政府管辖的，容易选择多元化并购。这个实证结果与方军雄(2008)的结论和假设2相反。这个结论表明，同一地方政府管辖的上市公司由于受到政府干预更大，可能会进行符合政府产业政策和控股股东利益的相关并购；而不受同一地方政府控制的公司，由于受到政府干预比较小，则可能选择对管理者有利的无关并购。政府干预在并购过程中发挥着积极的作用。

表6—4　政府干预和并购类型回归结果表

	(1)控制人级别		(2)同属管辖	
	系数	Z值	系数	Z值
截距项	-2.7875	-1.19	-1.3955	-0.41
Controller2	-0.1013	-0.45		
Partrd			0.7408	2.26**

续表

	(1)控制人级别		(2)同属管辖	
	系数	Z 值	系数	Z 值
Size	0. 1202	1. 07	0. 0091	0. 06
Debt	0. 0389	0. 18	0. 0693	0. 22
Roa	1. 8728	1. 48	3. 0566	1. 59
Tagrowth1	-0. 0744	-0. 3	-0. 2038	-0. 61
Director	0. 1204	2. 19**	0. 1165	1. 45
Dul	-0. 5781	-1. 72	-0. 4861	-0. 96
Year	控制		控制	
Indusrty	控制		控制	
观测值	798		388	
LRchi2( )	54. 72		38. 27	
Pseudo R2	0. 0786		0. 1072	
Log likelihood	-320. 69815		-159. 38964	

本章小结

本章以我国上市公司 2001—2009 年之间的国有控股的上市公司的并购为样本，研究了政府干预对并购类型的选择的影响。我们发现实际控制人是中央控股还是地方控股，对并购类型的选择没有显著影响。并购双方属于同一地方政府管辖的上市公司，容易选择相关并购；并购双方不属于同一地方政府管辖的上市公司，则容易选择无关并购。本章的研究结论表明政府干预在并购决策中有一定的积极作用，抑制了管理者寻求个人私利的并购动机。本章的研究结论对我国的政府与企业的关系提供了有意义的证据。我们应该加强研究政府如何界定自己的职权,如何引导企业进行有利于国家产业政策和企业长远发展的并购活动。同时,本章的研究丰富了公司并购和政府干预的理论研究。

第七章　并购类型与公司价值

并购能否给企业带来收益，是学者们和经营者都关心的重要问题，对此也有大量的研究，但是研究结论并不一致。有的研究认为并购损害公司价值，有的研究认为并购提高公司价值。不同的并购动因驱动公司选择不同的并购类型，不同的并购类型带来的效应也不一致，笼统地对并购整体进行研究可能会得出不一致的结论。因此，有必要对不同并购类型的结果进行分析。

不同的并购类型的绩效是否一样呢？对此，学者们的研究结论也不一致。一般的研究是把并购分为两大类别，横向并购和纵向并购为一类，多元化并购为另一类，比较多元化与横向并购、纵向并购有没有差异。对公司绩效的影响，以往的研究大致有四种结论。

1.多元化并购与其他类型的并购相比绩效更差，带来价值损失

Westerfield(1970)基于资本资产定价模型(CAPM)的方法判断多行业并购，比较十个多元化并购与四个共同基金和NYSE上市公司的平均水平，表明：多元化并购不能有效分散风险。Joehnk和Nielsen(1974)研究了多元化并购对系统风险和公司回报与市场回报关系的影响，但没有发现显著影响。风险估计用了股价数据而不是回报，所以β与非系统风险的关系不清晰。Haugen和Langetieg(1975)为了比较投资者非多元化分散风险，研究了59个

行业并购，与对照组没有差异，认为任何股东在合适时机投资于两个公司可以获得相同回报。

Sicherman 和 Pettway（1987）发现多元化并购比相关并购的收购方获得的超额收益更低。Morck，Shleifer 和 Vishny（1990）发现无关多元化并购带来价值损失而潜在的给自利的管理者带来利益，而且 20 世纪 80 年代的损失高于 70 年代。Seth（1990）发现混合并购行为，与其他并购类型一样，不能降低企业的系统风险。Berger 和 Ofek（1999）发现多元化公司剥离资产的归核化战略公告带来了累积超额收益，间接表明了多元化是没有效率的。

Weston，Chung 和 Hoag（1990）认为相关行业的公司合并通过规模经济或者范围经济产生协同效应。Healy，Palepu 和 Ruback（1992），Megginson，Lance 和 Nail（2004），Heron 和 Lie（2002）发现并购的经营业绩与双方是否处于同一行业正相关。Berger 和 Ofek（1995），Comment 和 Jarrell（1995）则发现不相关的并购带来价值减少。

李善民、陈玉罡（2002）发现同业并购给股东带来显著的财富增加，而多元化则不能。张波（2006）把并购分为横向并购和多元化并购两种类型，用 1998 到 2004 年的样本，发现对比多元化并购，横向并购更能给股东创造更多的价值。李善民和朱滔（2006）以 1998—2002 年 251 起多元化并购事件为样本，发现多元化并购公司股东在并购后带来了财富损失，但是这项研究只用了多元化并购的样本，这种财富损失可能是并购带来的，而不一定证明多元化并购绩效更差。洪道麟等（2006）用 1999—2003 年的数据研究得出多元化并购造成收购方的长期绩效为负数，多元化给股东带来损失。秦楠（2007）用 2003—2006 年的样本，用主成分分析进行实证检验，发现横向并购绩效较好，混合并购的结果波动较大，纵向并购的效果最差。宋献中和周昌仕(2007)选择表示盈利能力的四个指标主成分分析,发现不同的并购类型超额收益不同。纵向并购的效果最差,发现我国横向并购最多,其次是混合并购,纵向并购最少。戴德明、邓璠(2008)发现我国上市公司由于信息不对称造成了多元化折价。

2.多元化并购的绩效更好

有的研究认为与传统的横向并购和纵向并购相比,多元化并购的绩效比较好。Villalonga(2004),Campa 和 Kedia(2002)的研究表明多元化不一定导致低价值,有时候与高的公司价值相联系。郭永清(2000)发现多元化改善了上市公司经营状况,而同业并购则恶化了经营状况。周昌仕(2008)发现在政府控制下,多元化并购绩效优于同业并购。倪红蕾(2009)以 2000—2005 年间我国证券市场上的 105 起并购事件为样本,发现并购后 1 年,并购对收购公司的绩效都没有显著影响,而并购后 2 年,多元化并购的收购公司绩效显著为正,同业并购的收购公司绩效显著为负。

3.不同的并购类型的绩效受到外部环境和企业所处阶段的影响

范从来、袁静(2002)用 1995—1999 年之间上市公司样本,发现行业分类影响着不同并购类型的并购绩效。程晓伟(2007)用数据包络分析法(DEA)和因子分析法研究 1998—2002 年三种并购类型的效应,发现不同并购类型中都有保壳、圈钱、政府干预等目的进行的并购,上市公司并购后综合业绩并没有得到改善。屠澄(2008)用 EVA 体系分析了不同并购类型的绩效,发现横向并购绩效好,纵向并购和混合并购带来的绩效则先下降后上升。Mantravadi 和 Reddy(2008)研究了印度经济改革之后 1991—2003 年之间的不同并购类型对收购方公司和目标公司的经营业绩的影响,发现不同的并购类型对经营业绩的影响变化较小。姚益龙等(2009)以2003年上市公司的并购事件进行研究,发现企业处于成长阶段,横向并购绩效最好;处于成熟阶段,纵向并购和混合并购的绩效较好;处于衰退阶段,混合并购的绩效最好。刘笑萍等(2009)则认为并购绩效的优劣不仅是因为并购类型,还受到产业周期的影响。

4.多元化会给管理者带来利益

Amihud和Lev(1981)认为多元化可以降低公司风险,因而提高风险厌恶的管理者不能的分散风险的预期效用。Shleifer和Vishny(1989)则认为管理者能并购不相关的资产,增强其自身的力量,以使股东替换他们需要付出更高的成本。

由此可见,对不同的并购类型的经济后果研究没有统一的结论,而且对并购类型的划分也不太相同。以往的并购类型划分中,多元化包含实质上不相同的并购,对研究结论也会产生影响。本书将在以往研究的基础上,重新界定并购类型,然后对不同的并购类型对收购方的影响进行实证检验。

本书基于如下逻辑分析:公司特征、管理层的背景特征、公司治理结构、政府干预——→并购动因——→并购类型——→并购绩效。因为不同的并购类型由不同的并购动因引起,不同的并购类型会对公司的发展带来不同的影响,而且对收购方和目标企业的影响也不同,因此会产生不同的并购绩效。本章主要实证检验不同的并购类型的并购绩效是否有差异,由于目标企业往往是非上市公司,难以获取其数据,因此,本书主要考察不同并购类型对收购方的影响。

本章按照前面的划分方法,把并购分为相关并购和无关并购。然后分别研究不同的并购类型对收购方公司的影响。在文献回顾中我们得知对并购的绩效的研究有多种方法，可以采用事件研究法，计算累计超额收益或者购买—持有收益表示公司并购的绩效，也可以采用财务指标法进行研究。事件研究法基于证券市场有效的假设，由于我国的证券市场不是有效的市场，股价波动比较严重，而且股价严重脱离公司的价值。所以，本书认为在我国上市公司并购收益中采用事件研究法的白噪音比较大，应该选用财务指标法。本书选用了并购后两年之内的托宾Q和并购后会计业绩（ROE、ROA）的变化值，检验不同的并购类型是否对公司的价值产生不同的影响。

第一节　理论分析与假设形成

一、不同并购类型的经济后果分析

相关并购和多元化并购是由不同的并购动机引起的，不同的并购类型的作用机制不同，引起并购双方的关系、收购方在竞争中的地位、在行业中的地位的变化也有差异，这种变化会产生不同的影响，给收购方公司带来的经济后果也不同。

1.横向并购对收购方的影响

横向并购是竞争对手之间的并购，因此，横向并购会带来收购企业的规模的扩大、市场上竞争对手的减少、收购方在本行业的市场份额扩大。

企业规模的扩大可能带来规模效应，生产规模扩大后，在固定资本不变的前提下变动成本增加，能降低单位产品成本，以提高企业的利润率。而且经营管理和市场营销等方面也存在着规模经济，企业融资等过程也存在规模效应，大的企业规模会降低企业生产经营的各种成本。但是，规模经济也有适度的限制，随着企业生产规模扩大,边际效益却渐渐下降,超出了一定的规模可能带来规模效应的下降,造成规模不经济。而且规模的扩大还会带来管理过度复杂、内部组织结构的复杂,这种复杂性会消耗内部资源,造成规模不经济。

横向并购还可以带来范围经济。上市公司大都是生产一系列产品的大型企业,而不仅仅只生产一种产品。而通过对生产类似产品的企业的横向并购,类似产品和相关产品共享一种核心资源和管理,从而导致各项活动费用的降低和经济效益的提高,实现范围经济。

通过横向并购可以扩大市场份额,增强本企业在市场上的控制地位,增强市场势力。市场势力理论认为公司市场份额的扩大会增强对企业经营环境的控制,可以带来长期获利的机会。Porter(1985),Stigler(1964)认为横向并购带来的最主要的好处在于减少竞争和剩下的竞争者的共谋。通过横向并购消除了竞争对手,在市场竞争中处于有利的地位,可以增强企业的竞争优势。而且横向并购后企业在同行业中处于优势地位,在和供应商和销售商进行谈判时处于有利地位,能获得更多的价格优势,降低本企业的成本。但是,横向并购减少竞争者可能会带来垄断,国家可能对横向并购有严格的限制和审批。

横向并购也会带来管理协同效应。在行业中处于优势地位的企业管理效率也比较高,通过并购同行业的竞争对手,可以实现管理协同效应。

2.纵向并购对收购方的影响

纵向并购是对上下游企业的并购,会实现价值链的延伸。纵向并购对收购方会产生以下影响:

降低交易成本。外部市场的成本超过组织内部的成本时,通过纵向并购上下游企业，可以稳定交易关系，减少双重的价格扭曲，降低交易成本。但是在并购时也需要考虑交易成本和组织成本的均衡。

获取稀缺资源。通过后向并购对上游企业的资源进行控制，能够减少与资产专用性和市场不确定性相联系的资源持有成本，增强收购方企业的竞争优势。现在钢铁、金属、石油化工等行业的生产企业常常对矿山、油田等进行纵向收购，就是为了争夺关键资源。

控制价格，控制最终消费者。前向并购是对下游加工企业、运输及贸易企业的并购。公司通过对下游企业的前向并购可以减少中间环节，实现产品直接面向消费者，在制定价格时具有优势。

实现协同效应和范围经济。纵向并购通过扩大经营范围，可以实现范围经济，并且实现生产经营的协同效应。

纵向并购也可以增强市场势力，纵向并购可以通过控制产业链中关键的上下游企业，增加产业壁垒，限制其他企业进入，维护本企业的竞争地位。

3.多元化并购对收购方的影响

多元化并购是对完全不相关的行业公司进行的并购。多元化并购可以进入新行业，还可以通过多元化经营分散公司特有的经营风险，可以实现财务协同效应。通过多元化并购可以进入平均收益高的、成长性好的行业，跨越进入壁垒，实现公司的行业转型和发展方向的调整，实现学习曲线效应。但是进入新行业也有一定的风险，公司的行业专属的资源和公司特有的资源可能不能和新的行业共享，不能实现生产和管理的协同效应，可能并不能实现多元化经营分散风险的目的。而且并购实践中进行多元化的企业并不一定从衰退行业进入成长性行业。多元化能带来的财务协同效应主要是资本成本的降低和公司偿债能力的提高。Jensen (1986)提出的自由现金流的理论认为公司管理层为了控制自由现金流而进行多元化,损害了股东的利益。Roll(1986)也认为公司管理者可能由于自负而进行多元化。通过多元化,管理层能够更多地获得自己的利益。

二、假设形成

根据以上的分析,不同的并购类型可能会产生不同的效应,会带来不同的经济结果。但是这些协同效应和风险分散很难用某个指标来测量。不论怎样,并购带来的效应都会反映在企业的生产经营活动上,并最终体现在产品的销售和财务成果上。可以发现,横向并购和纵向并购对公司的生产经营均有实质性的影响,会通过协同效应、规模经济和范围经济、交易成本的降低、市场势力的增大等因素增强公司的竞争优势,从而提高公司的盈利能力。而多元化一般不能获得生产经营的协同效应,企业规模的增大也不能带来规模效应和范围效应,一般是给管理者带来薪酬的提高和控制资源能力的增强,增大了代理成本,不能提高公司的盈利能力。而横向并购和纵向并购哪种类型可以给公司创造更大的价值,提高公司的盈利能力,则不能确定,这要根据公司所处行业以及公司的经营战略确定。

基于以上分析,我们提出假设1:相关并购会提高公司的盈利能力;多元化并购会降低公司的盈利能力。

Tobin(1969)把托宾Q定义为企业的市场价值与资本重置成本之比。它的经济含义是比较企业的市场价值是否大于给企业带来现金流量的资本的成本。托宾Q值大于1,说明企业创造的价值大于投入的资产的成本,表明企业为社会创造了价值,是"财富的创造者”;反之,则浪费了社会资源,是“财富的缩水者”。托宾Q表明企业的价值,托宾Q值高,表明企业价值高,反之,表明企业价值低。Lang 和 Litzenberger (1998)认为托宾Q是当前管理水平下公司当前和预期项目的质量的函数。托宾Q值高表明管理好,托宾Q值低则表明管理差。他们把样本按照并购前的托宾Q是否大于1分为两类:管理水平高的公司和管理水平差的公司,并且发现这两类不同的公司的并购收益显著不同,高的托宾Q的收购方的股东比低的托宾Q的收购方的股东有显著高的收益。一般说来,有低的托宾Q的目标公司比有高的托宾Q的目标公司能从要约中获得更多利益。而 Moeller, Schlingemann 和 Stulz(2004)则发现并购收益与托宾Q负相关。根据管理协同效应理论,企业并购的动因在于并购企业和目标企业之间在管理效率上的差异。通过并购,提升效率低的目标企业的效率。横向并购是对竞争对手的并购,一般是竞争能力强的公司并购较弱的公司,因此,并购后会提升管理效率,提高托宾Q值。纵向并购的管理者向上下游延伸,获得经营协同效应,降低交易成本,也会提高公司的价值,因此提高托宾Q值。而多元化并购是无关并购,并购动因主要有:获得财务协同效应,降低资本成本,分散风险,这种并购可以提高公司的价值,增加托宾Q;但是代理理论和自大理论解释的多元化并购的原因则会对公司的价值产生损害,不能增加托宾Q。以往的研究发现财务协同效应比较小,因此,多元化并购可能造成托宾Q值的下降。

基于以上分析,我们提出假设2:不同的并购类型对公司价值的影响不同,相关并购可以提高托宾Q;无关多元化会降低托宾Q。

第二节　数据和变量

一、数据与样本

前几章的样本选择区间是我国上市公司2001—2009年之间的数据。但是由于要计算并购当年和并购后第一年、并购后第二年的增长率,而2010年的数据尚不全面,因此,只选择了2001—2008年的样本。

并购类型的样本,从Wind数据库中并购事件数据中整理,选择符合以下标准的数据:(1)并购活动已经完成。(2)当年仅发生过一次并购。(3)收购方是2001年以前上市的A股公司(包括既发行A股,又发行B股和H股的公司)。(4)一年内对同一公司进行的多次并购视同一次并购。(5)剔除金融行业的数据。

其他财务数据选用国泰安经济金融研究数据库中的数据。计算ROE、ROA、托宾Q的变动。

二、模型与变量

1.变量设定

(1)被解释变量:

本书的被解释变量是并购给收购方公司带来的盈利能力的增强和价值的增加。选用ROE增长率、ROA增长率和Tobin's Q的变化率为公司并购绩效的代理变量。

对并购绩效的研究主要采用两大类方法:事件研究法和财务指标法。国外的研究往往采用事件研究法,研究并购公告的市场反应,计算累积超额收益率,表示股东的短期超额收益;或者计算长期持有超额收益，来代表长期绩效。但是事件研究法要求股票市场有效率。而行为金融学的研究表明股票市场有可能出现过度反应或者反应不足。而且我国的股票市场价格波动比较大，股价受到多种因素的影响，采用股票市场的指标白噪音比较大。当然财务指标法也有局限性，该方法忽略了公司并购前后的风险变化，而且选取哪些经营绩效指标也没有客观的基准，同时还难以剔除其他因素对经营绩效的影响。尽管上市公司财务指标存在盈余管理，但陈晓等（1999）认为，上市公司盈余数据具有很强的信息含量。冯根福和吴林江（2001）认为采用财务指标来检验上市公司并购前后绩效的变化相对更为客观、准确。因此，本书选用会计指标的方法来研究。本书选取了表示上市公司盈利能力的 ROE 和 ROA 的增长率来表示并购绩效，同时还选取了托宾 Q 值的变化表示公司价值的变化。这是因为上市公司的业绩首先表现在公司盈利能力指标上，而且其他各种财务比率指标的信息最终也都会在盈利能力指标上反映。净资产收益率（ROE）反映了股东权益的收益，总资产收益率（ROA）反映了公司总资产的收益。这两个指标能够综合的反映公司的盈利能力。托宾 Q 的变化则反映了收购方公司的价值的变化。并购绩效表现在盈利能力和企业价值的增长或者下降上，因此，选择 ROE 增长率、ROA 增长率、托宾 Q 的增长率作为并购绩效的代表。

本书选用以下三个指标作为被解释变量：

①ROE 增长率

分别计算并购当年、并购第二年、并购第三年的 ROE 与并购前一年的 ROE 的差额，以及并购当年、并购后第一年、并购后第二年共三年的 ROE 的平均值与并购前一年的 ROE 的差额，得出 ROE 的增长率。如果 ROE 增长率为正，则取值为 1，如果 ROE 增长率为负，则取值为0。

②ROA增长率

分别计算并购当年、并购第二年、并购第三年的ROA与并购前一年的ROA的差额，以及并购当年、并购后第一年、并购后第二年共三年的ROA的平均值与并购前一年的ROA的差额，得出ROA的增长率。如果ROA增长率为正，则取值为1，如果ROA增长率为负，则取值为0。

③Tobin's Q变化率

分别计算并购当年、并购第二年、并购第三年的Tobin's Q与并购前一年的Tobin's Q的差额，以及并购当年、第一年、第二年共三年的Tobin's Q的平均值与并购前一年的Tobin's Q的差额，得出Tobin's Q的增长率。如果Tobin's Q增长率为正，则取值为1，如果Tobin's Q增长率为负，则取值为0。

(2)解释变量

并购类型，分为两类：相关并购取值为1，无关多元化并购取值为0。

(3)控制变量

根据以往的研究结果，选择公司规模、资产负债率、股权集中度、公司实际控制人性质、行业、年度作为控制变量。

具体的变量定义和取值详见表7—1。

表7—1 并购类型与公司价值变量定义表

变量代码	变量名称	变量定义
Panel A 被解释变量		
Roegrowth1	并购当年ROE增长	并购当年ROE增加取值为1，下降取值为0

续表

变量代码	变量名称	变量定义
Roegrowth2	并购后第一年 ROE 增长	并购后第一年 ROE 增加取值为 1,下降取值为 0
Roegrowth3	并购后第二年 ROE 增长	并购后第二年 ROE 增加取值为 1,下降取值为 0
Roegrowth	并购后两年平均 ROE 增长	并购后两年平均 ROE 增加取值为 1,下降取值为 0
Roagrowth1	并购当年 ROA 增长	并购当年 ROA 增加取值为 1,下降取值为 0
Roagrowth2	并购后第一年 ROA 增长	并购后第一年 ROA 增加取值为 1,下降取值为 0
Roagrowth3	并购后第二年 ROA 增长	并购后第二年 ROA 增加取值为 1,下降取值为 0
Roagrowth	并购后两年平均 ROA 增长	并购后两年平均 ROA 增加取值为 1,下降取值为 0
Q1	并购当年托宾 Q 增长	并购当年的托宾 Q 减去并购前一年的托宾 Q
Q2	并购后第一年托宾 Q 增长	并购后第一年的托宾 Q 减去并购前一年的托宾 Q
Q3	并购后第二年托宾 Q 增长	并购后第二年的托宾 Q 减去并购前一年 的托宾 Q
Q	并购后两年平均托宾 Q 增长	并购后两年托宾 Q 增长的平均值
Panel B 解释变量		
Mtype	并购类型	0 为无关并购(多元化并购),1 为相关并购
Panel C 控制变量		
Size	公司规模	选取公司总资产的自然对数
Debt	资产负债率	流动负债/总负债
Tagrowth	公司成长性	公司总资产增长率
Cen1	股权集中度	第一大股东的持股比例

续表

变量代码	变量名称	变量定义
Controller	实际控制人类别	国有控股股东取值为1,非国有股东取值为0
Industry	行业虚拟变量	根据证监会划分13个行业,剔除金融行业,所以设置11个虚拟变量
Year	年度虚拟变量	以2001年为基准,设置8个虚拟变量

2.回归模型

本章选用如下回归模型,进行Logit回归,研究并购类型对并购绩效的影响。模型左边是表示并购绩效的被解释变量,包括并购前后ROE、ROA和Tobin's Q的变化。模型右边是并购类型和控制变量。这个模型共分成三个,分别研究并购类型对公司ROE、ROA和Tobin's Q的影响。

$$并购绩效=\beta_0+\beta_1 Mtype+\beta_2 controlvarables_i+\varepsilon$$

三、描述性统计

1.描述性统计

变量的描述性统计见表7—2,我们可以发现,ROE和ROA的增长率的均值小于0.5,中位数是0,可见并购后ROE和ROA减少的上市公司比ROE和ROA增加的上市公司多。并购当年托宾Q值变化率的均值小于0.5,并购后第二年开始增加,并购后第三年达到0.7719,表明并购当年托宾Q下降的比上升的公司多,后面两年托宾Q上升的公司比下降的公司多。

表 7—2　公司价值变量描述性统计表

变量	观测值	均值	中位数	最小值	最大值	标准差
Panel A:ROE 增长						
Roegrowth1	829	0.4656	0	0	1	0.4991
Roegrowth2	832	0.4555	0	0	1	0.4983
Roegrowth3	690	0.4623	0	0	1	0.4989
Roegrowth4	650	0.3185	0	0	1	0.4662
Mtype	843	0.7983	1	0	1	0.4015
Panel B:ROA 增长						
Roagrowth1	829	0.4620	0	0	1	0.4989
Roagrowth2	832	0.4639	0	0	1	0.4990
Roagrowth3	690	0.4536	0	0	1	0.4982
Roagrowth4	647	0.3107	0	0	1	0.4631
Mtype	843	0.7983	1	0	1	0.4015
Panel C :托宾 Q 变化						
Qa1n	1530	0.4124	0	0	1	0.4924
Qa2n	1530	0.5569	1	0	1	0.4969
Qa3n	1530	0.7719	1	0	1	0.4197
Qan	1530	0.7562	1	0	1	0.4295
Mtype	1530	0.8137	1	0	1	0.3895

2.相关系数

变量之间的相关系数如表 7—3 所示,我们发现并购类型只与当年的 ROE 的增长显著正相关,与其他的年度 ROE 增长无显著相关关系。而并购类型和当年的 ROA 的增长和并购后两年的平均 ROA 增长显著正相关,与其他年度 ROA 增长无显著相关关系。不同的并购类型对并购后托宾 Q 变化正相关,但是不显著。

表 7—3 并购类型与公司价值变量相关系数表

Panel A 并购类型与 ROE 增长					
	Roegrowth1	Roegrowth2	Roegrowth3	Roegrowth4	Mtype
Roegrowth1	1				
Roegrowth2	0.477	1			
Roegrowth3	0.3276	0.4948	1		
Roegrowth4	1	0.4552	0.2972	1	
Mtype	0.0788**	0.0125	−0.0174	0.0633	1
Panel B 并购类型与 ROA 增长					
	Roagrowth1	Roagrowth2	Roagrowth3	Roagrowth4	Mtype
Roagrowth1	1				
Roagrowth2	0.4948	1			
Roagrowth3	0.3359	0.5506	1		
Roagrowth4	1	0.4459	0.2872	1	
Mtype	0.0692**	0.0089	0.0166	0.07*	1
Panel C 并购类型与托宾 Q 增长					
	Qa1n	Qa2n	Qa3n	Qan	Mtype
Qa1n	1				
Qa2n	0.5202***	1			
Qa3n	0.2244***	0.484***	1		
Qan	0.352***	0.612***	0.8014***	1	
Mtype	0.0291	0.0294	0.016	0.0372	1

注：***、**、* 分别表示在 1%、5%、10%水平上显著。

第三节　实证结果

一、并购类型对 ROE 的影响

分别用当年 ROE 的变化、并购后第一年的 ROE 的变化、并购后第二年 ROE 的变化，并购后两年平均 ROE 的变化四个变量做因变量，同时控制公司规模、资产负债率、实际控制人性质、股权集中度、公司成长性、年度和行业的影响，进行 Logit 回归，得到的结果如表 7—4 所示，我们可以发现：并购类型对当年 ROE 增长的系数是 0.5641，Z 值是 2.48，在 5%的水平上与 ROE 增长正相关，相关并购可以提高公司的盈利能力。但是与并购后第一年和并购后第二年的 ROE 增长则负相关，但是不显著。相关并购引起了公司当年 ROE 的增长，但是引起确引起了后面两年 ROE 的下降，也可能是并购当期的 ROE 增长过多，以至于引起后面两年 ROE 的下降。这也表明我国上市公司并购注重短期效益，不注重公司的长远发展。短期绩效比较好，但是长期绩效比较差。而且，前面章节的研究表明，盈利能力强、财务状况好的公司容易进行相关并购，盈利能力差、财务状况不好的公司容易进行多元化并购。可能目标企业的盈利能力比较差，因此影响了并购后的绩效。因此，选择了合适的并购类型只是开始，最重要的还是并购之后的整合，只有这样，才能提高公司的盈利能力，充分发挥并购优化配置资源的作用，通过各种协同效应增强企业的实力。

表 7—4　并购类型对 ROE 回归结果表

	(1)并购当年ROE 增长		(2)并购后第一年 ROE 增长		(3)并购第二年ROE 增长		(4)并购后平均ROE 增长	
	系数	Z 值	系数	Z 值	系数	Z 值	系数	Z 值
截距项	-1.6840	-0.87	-1.9201	-1	1.5667	0.72	-6.5582	-2.67***
Mtype	0.5641	2.48**	-0.0285	-0.13	-0.1423	-0.57	0.3433	1.27
Size	0.0172	0.19	0.0768	0.85	-0.0243	-0.24	0.1703	1.6
Debt	-0.9467	-2.39**	-1.1866	-2.89***	-0.7560	-1.8*	-0.2851	-0.74

续表

	(1)并购当年ROE增长		(2)并购后第一年ROE增长		(3)并购第二年ROE增长		(4)并购后平均ROE增长	
	系数	Z值	系数	Z值	系数	Z值	系数	Z值
Control	0.3876	1.93*	0.4554	2.32**	0.3385	1.47	0.6217	2.51**
Cen1	0.0059	0.01	0.6639	1.16	-0.3221	-0.49	-0.1566	-0.23
Tagrowth1	0.0928	0.5	-0.2558	-1.37	-0.1159	-0.52	0.1473	0.69
Year	控制		控制		控制		控制	
Indusrty	控制		控制		控制		控制	
观测值	605		606		479		470	
LRchi2( )	49.02		42		48.5		40.23	
Pseudo R2	0.0586		0.05		0.0731		0.0673	
Log likelihood	-393.58514		-399.04806		-307.53484		-278.5817	

注：***、**、*分别表示在1%、5%、10%水平上显著，皆为双尾检验。

二、并购类型对ROA的影响

分别用当年ROA的变化、并购后第一年的ROA的变化、并购后第二年ROA的变化，并购后两年平均ROA的变化四个变量做因变量，同时控制公司规模、资产负债率、实际控制人性质、股权集中度、公司成长性、年度和行业的影响，进行Logit回归，得到的结果如表7—5所示。我们可以发现：并购类型对当年ROA增长的系数是0.3633，Z值是1.63，在10%的水平上与ROA增长正相关，相关并购可以提高公司总资产报酬率，增强了公司当年的盈利能力。并购类型与并购后第一年和并购后第二年的ROA增长正相关，但是不显著。相关并购引起了公司ROA的增长，多元化并购造成了ROA的下降。可以证明相关并购的确比多元化并购对公司有利。与前面的分析相同，并购没有带来显著的经济效应可能是因为并购后没有实现有效的整合。

表 7—5　并购类型对 ROA 回归结果表

	(1)并购当年ROA 增长		(2)并购后第一年 ROA 增长		(3)并购第二年ROA 增长		(4)并购后平均ROA 增长	
	系数	Z 值	系数	Z 值	系数	Z 值	系数	Z 值
截距项	1.3408	0.7	-1.9201	-1	1.5667	0.72	-3.3765	-1.33
Mtype	0.3633	1.63*	0.0086	0.04	0.1881	0.76	0.4325	1.52
Size	-0.1088	-1.23	-0.0191	-0.22	-0.1012	-1.01	0.0155	0.14
Debt	-0.0716	-0.68	0.0279	0.26	-0.1009	-0.65	0.0255	0.23
Control	0.4276	2.16**	0.0533	0.27	0.0068	0.03	0.6889	2.71**
Cen1	0.2069	0.36	0.6733	1.19	-0.1300	-0.2	-0.0812	-0.11
Tagrowth1	-0.4531	-2.14**	-0.4188	-2.13**	-0.4994	-2.07**	-0.6036	-2.04**
Year	控制		控制		控制		控制	
Indusrty	控制		控制		控制		控制	
观测值	605		606		479		461	
LRchi2( )	37.17		27.41		34.38		36.73	
Pseudo R2	0.0445		0.0326		0.0518		0.0638	
Log likelihood	-399.3765		-406.2889		-314.7423		-269.4648	

注：***、**、*分别表示在1%、5%、10%水平上显著，皆为双尾检验。

三、并购类型对托宾 Q 的影响

分别用当年托宾 Q 的变化、并购后第一年的托宾 Q 的变化、并购后第二年托宾 Q 的变化，并购后两年平均托宾 Q 的变化四个变量做因变量，同时控制公司规模、资产负债率、实际控制人性质、股权集中度、公司成长性、年度和行业的影响，进行 Logit 回归，得到的结果如表 7—6 所示。我们可以发现，并购类型与托宾 Q 为负相关关系。并购类型的选择对公司当年和并购后第一年的托宾Q没有显著相关关系，但是与并购后第二年的托宾Q值的增长在5%的水平上显著负相关。这个结果与我们的假设不一致，原因可能在于我国股票市场的价格波动比较大，我国的证券市场还不完善，市场不能对并购做出理性反应，股票二级市场投资者热衷于"公司重组"概念的炒作、投机与内幕交易，因而相关并购并没有带来托宾Q值的上升。

表7—6　并购类型对托宾Q回归结果表

	(1)并购当年Q增长		(2)并购第一年Q增长		(3)并购第二年Q增长		(4)并购后平均Q增长	
	系数	Z值	系数	Z值	系数	Z值	系数	Z值
截距项	-4.7020	-2.21	-1.9569	-1.09	3.1061	1.28	-2.2982	-0.86
Mtype	-0.0917	-0.37	-0.1545	-0.72	-0.6537	-2.27**	-0.1537	-0.5
Size	0.1938	1.96	0.0175	0.21	-0.0318	-0.3	0.1933	1.55
Debt	-0.2378	-1.74*	-0.3190	-2.34**	-0.2283	-1.19	-0.9661	-2.13**
Control	-0.0527	-0.24	-0.2591	-1.35	-0.1248	-0.51	0.2386	0.84
Cen1	-1.0756	-1.64*	0.0879	0.15	0.2183	0.31	-2.1039	-2.54**
Tagrowth1	0.1065	0.49	-0.0656	-0.43	0.1223	0.43	0.1237	0.42
Year	控制		控制		控制		控制	
Indusrty	控制		控制		控制		控制	
观测值	1223		925		650		650	
LRchi2( )	944.02		388.28		199.44		350.2	
Pseudo R2	0.5622		0.3028		0.2634		0.4364	
Log likelihood	-367.5626		-446.9008		-278.8995		-226.10776	

注：***、**、*分别表示在1%、5%、10%水平上显著，皆为双尾检验。

本章小结

并购的绩效一直是大家关注的热点，也有许多相关研究。本章用我国上市公司2001—2008年的数据，把并购分为相关并购和多元化并购，对不同并购类型对收购方公司的盈利能力和企业价值做了实证检验。我们发现，不同的并购类型对上市公司的盈利能力有影响，相关并购可以增强公司的盈利能力，但是只有并购当年的盈利能力显著提高，并购后第一年和第二年的盈利能力没有显著提高。相关并购对收购方公司产生短期的效益，长期效益还不明显。而并购类型与托宾Q则负相关，并购当年和并购后第一年并不显著，并购后第二年相关并购的上市公司托宾Q显著下降。这个结果可能是由于证券市场没有对并购做出理性的市场反应。而且，并购的绩效不仅与并购类型的选择相关，更重要的是并购之后的整合，只有有效的整合才能带来公司的盈利能力和价值的增强。因此，我们以后要加强研究并购后的整合问题。由于并购的整合涉及企业的方方面面，现实中并购的失败往往是由于整合无效造成的。Porter(1987)的研究表明并购后大多数公司不能很好地整合。只有有效的整合，并购后的公司才能发挥协同效应，实现公司价值链的优化，提高公司的竞争力。本章的研究证实了相关并购的绩效好于无关多元化并购，我们应该加强研究如何通过科学的并购决策和有效的并购整合提高并购的绩效。本章的研究对并购绩效的研究和并购类型的相关研究提供了进一步的证据。

第八章 并购类型的决策框架构建

第一节 价值链管理理论对并购类型决策的影响

1985年迈克尔·波特首先提出价值链理论，把价值链作为分析竞争优势的基本工具，提出价值链系统由供应商价值链、企业价值链、渠道价值链、买方价值链组成，其中企业价值链由业务单元价值链组成。整个价值链的综合竞争力决定企业的竞争力。后来，发展到把顾客对产品的需求作为生产过程的终点，包括原材料和顾客的价值链，再到虚拟价值链、网链。价值链管理的精髓在于用"链"的观点来看待企业的一切现实的和潜在的价值增值活动，对外将供应商、客户、竞争对手等相关企业视为外部价值链的组成部分，强调与它们的合作关系，将自己的价值增值建立在整个价值链联盟的价值增值基础之上，体现的是一种"多赢"的观念；对内将所有的价值增值活动视为内部价值链上的有机组成部分，它们之间是相互影响的关系，强调通过协调及消除不增值活动等手段来创造最大化的价值。

现有对并购的研究多集中在并购的动因和绩效方面，对并购绩效的研究多采用财务指标、股票市场指标，研究并购带来的财务效果和市场效果。但是这些研究难以反映企业的核心竞争力。尤其是现在的并购多是战略并购，目的是要增强企业的核心竞争力。因此，要从并购后能否带来企业核心竞争力的增强和价值的增值的角度来研究并购。价值链管理理论从价值链的角度分析了企业的核心竞争力。并购活动是企业增强竞争优势的战略活动,从价值链的层次分析并购的动因、决策、整合和绩效评价,更能反映并购的目的和效果。因此,价值链管理理论为研究企业并购提供了新的视角,从价值链增值和优化的角度研究并购问题,有很强的理论意义和现实意义。

通过前面几章的实证研究,我们发现并购类型的选择会带来不同的经济结果,而不同的并购类型的选择对价值链的优化产生不同的影响。横向并购双方企业的内部价值链类似,双方通过共同的客户、渠道、技术和其他因素的有形关联,并购之后企业消除或者控制竞争者,优势企业的先进技术和管理优势得以扩散,而且企业规模扩大获得规模效应,增强自身在横向价值链中的地位。纵向并购使企业自身价值链向上游和下游延伸,并购后一体化的组织结构稳定了要素供给和产品销售分配优化生产流程,缩短生产周期,从而减少与供应商、客户的交易成本,增加企业的价值。相关多元化并购双方业务有一定的关联,企业扩展自己的业务范围,分散经营风险,双方价值链实现互补。而无关多元化并购对企业的价值链产生不良的影响,无法带来价值增值。因此,本书以并购的竞争优势理论为出发点,结合价值链和并购理论,研究其在企业并购类型决策过程中的应用问题。

第二节　价值链优化视角的企业并购类型决策基本框架

并购决策是并购成功的关键环节,科学的并购决策才能使并购的各种效应发挥作用,实现并购的预定目标,增强企业的核心竞争力。不同的并购类型的决策对企业核心竞争能力的增强产生不同的后果。一般而言，并购活动前期工作包括确定并购战略、目标企业估值、确定目标企业、尽职调查、确定并购预算、设计并购计划等多个步骤。而价值链优化视角的企业并购以企业的价值链优化为目的，所以，在事前要充分考虑这次并购活动能否带来价值链的增值和优化。因此，在价值链优化视角的并购决策阶段，首先要进行价值链的分析，根据价值链分析的情况确定企业的并购战略，然后进一步进行价值链分析，初步确定目标企业，预测并购后价值链的变化，据此确定能带来价值链优化的目标企业，然后再进行尽职调查，确定并购预算，设计详细的并购计划。价值链优化视角的企业并购决策基本框架如图 8—1 所示：

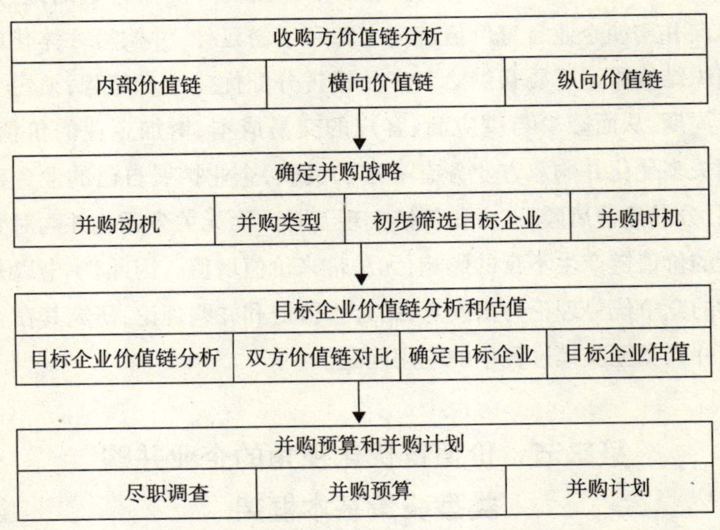

图 8—1　并购类型决策的基本框架

第三节　价值链优化视角的企业并购决策的具体步骤

一、收购方的价值链分析

知彼知已，百战不殆。收购方要进行并购，首先要了解自身情况，通过对收购方的价值链进行分析深入了解以下情况：企业的价值链构成（包括外部价值链和内部价值链），企业在整个价值链网络中的地位和作用，并购能否带来价值链的增值，企业是否有必要进行并购，企业是否有能力进行并购，企业将向价值链的哪个方面扩展，并购后企业价值链将如何变化。在进行价值链分析时，企业要从三个方面进行深入分析：内部价值链分析、横向价值链分析、纵向价值链分析。

1.内部价值链分析

进行内部价值链分析主要目的是识别内部价值链的关键节点，确定企业价值创造的优势和不足，确定企业并购的能力和必要性。

企业内部价值链由互相关联的各业务单元的作业链组成。进行内部价值链分析要从战略层次一直深入到作业层次，根据企业的业务流程和业务单元，整理企业的内部价值链构成；识别关键的环节，发现增值和不增值的节点，抓住价值创造的核心，确定企业价值链的优势和缺陷；分析企业战略与价值链的协调性，寻找通过并购弥补价值链缺陷，优化企业价值链的可能性。

2.横向价值链分析

企业价值链的差异也正是竞争优势的来源。进行横向价值链分析的目的是识别竞争对手的价值链，与本企业的价值链进行比较,明确企业的竞争地位和发展方向,预计横向并购的可能性。

根据迈克尔·波特的分析,竞争对手可能有相似的价值链,但是不同的企业有不同的价值链。横向价值链分析要对竞争对手的价值链进行分析和识别。同行业竞争性的企业可能有很多,横向价值链分析时企业要对主要的竞争对手分析。但是竞争对手的资料往往是保密的,只能根据公开资料进行整理和分析。因此,横向价值链分析很难深入进行,只能确定竞争对手的基本的价值链。确定竞争对手的价值链之后,企业要比较双方的价值链,寻找价值链的相同之处和差异,分析双方的优势和劣势,确定各自的竞争优势。通过对主要竞争对手的价值链与本企业的价值链的分析和比较,企业可以了解横向并购的可能性,预测并购后对横向价值链产生的影响。

3.纵向价值链分析

企业进行并购的目的是优化企业的价值链,弥补自身价值链的不足。纵向价值链分析可以帮助企业明确其在行业中的地位和作用,寻找价值链延伸的机会。

纵向价值链分析是对企业所处行业的价值链进行分析,分析上下游企业的价值链和行业价值链,确定企业在行业价值链中所处的节点和地位。纵向价值链分析主要包括:对行业整体状况进行分析,识别行业价值链的节点;运用供应商和顾客的综合评价体系,评价上下游企业和本企业的关系;分析整个行业尤其是上下游企业的价值链对企业的影响;分析企业在行业价值链中的节点和地位;寻找企业扩展价值链,并购上下游企业的可能性。

二、确定并购战略

并购战略是指导企业并购的总方针,包括选择并购类型,初步选择目标企业，确定并购时机。并购战略是根据企业的总体发展战略和价值链分析确定的。要根据企业的发展战略和价值链分析的结果，确定企业并购的方向，确定并购的目的和类型，并寻找合适的并购时机。

1.确定并购类型

按照并购双方的市场关系，可以把并购分为三种基本的类型：横向并购、纵向并购和多元化并购。（1）横向并购会带来收购企业的规模扩大、市场上竞争对手的减少、收购方在本行业的市场份额扩大。横向并购双方是竞争对手，企业有相似的内部价值链，有共同的客户、渠道、技术和其他因素。横向并购往往是优势企业对弱势企业的并购。通过横向并购，企业可以消除或者控制竞争者，扩大企业的规模得到规模效应，增强自身的市场占有率，增强在横向价值链中的地位。（2）纵向并购是企业向上下游扩展，并购供应商或者顾客。纵向并购可以使企业的价值链得到延伸，控制要素供给和产品销售，在纵向价值链上能控制更多的节点，降低交易成本，增强企业的价值和竞争能力。（3）多元化并购有两种：相关多元化和无关多元化。由于并购双方业务毫无关联，无关多元化对企业的价值链优化则很难产生有利影响。相关多元化并购可以让企业扩展业务范围，进入到有一定关联的业务领域中，扩展自身的价值链，与目标企业的价值链实现互补。

这三种类型对企业的发展战略将产生不同的影响。企业进行并购，必须考虑并购能否优化企业的价值链，能否增强核心竞争力和竞争优势。而要实现这些目的，首先要符合企业的发展战略，只有符合企业发展战略的并购才能促进企业的发展。因此，企业要根据自身价值链构成和在价值网络中的地位，分析不同的并购类型可能产生的经济后果，分析哪种并购类型更符合企业的发展战略，更能实现价值链的优化，而且企业有能力实现并购，然后确定并购类型。

2.初步筛选目标企业

明确并购类型后，企业就可以初步筛选目标企业。筛选的标准有两个：一是企业有能力对其并购；二是并购后能给企业带来价值链优化和竞争能力增强。根据企业选择的并购类型不同，企业要初步筛选目标企业。如果企业选择纵向并购，企业并购后能扩展自身的价值链，控制关键资源和渠道，增强其在产业链上的控制力，要在上下游企业中选择目标企业，至于企业到底向上游扩展还是向下游扩展，还是得根据企业的发展战略和价值链的构成。如果企业选择横向并购，则要从竞争对手中选择目标企业，企业要增大自身规模，但是要警惕规模不经济，而且要考虑自身的实力，能否吞并或者控制竞争对手。而多元化并购，目标企业与本企业不处于同一行业，可选择的余地较大，但是企业必须要考虑自身的价值链构成，不能选择毫无关联的企业，必须选择能给企业带来价值链互补的相近行业或产品相关的企业作为目标企业。

3.选择并购时机

确定并购类型并初步筛选目标企业后，收购企业要选择合适的并购时机。并购时机的确定要根据行业发展和企业发展的周期和特点，根据价值链分析的结果，分析何时并购能够给企业带来比较好的发展。

三、目标企业价值链分析和估值

价值链优化视角的目标企业估值与传统并购不同，对初步筛选的目标企业，要进行深入的价值链分析，根据价值链分析的结果确定目标企业的价值。

1.初步筛选的目标企业价值链分析

对收购方横向价值链和纵向价值链分析时，已经对可能的目标企业进行了初步的价值链分析。在这一阶段要进行尽量详细和深入的价值链分析。价值链分析的方法和步骤与前面对收购方企业价值链分析相同。对初步筛选出来的目标企业进行外部和内部的价值链分析，包括对目标企业内部价值链、目标企业所处行业纵向价值链、目标企业竞争对手的横向价值链进行分析，判断目标企业在价值网络中的地位和作用，明确目标企业的竞争优势和劣势。

2.收购方企业与目标企业价值链对比分析

根据收购方企业价值链分析和目标企业价值链分析的结果，进行全面的对比分析。主要分析并购双方价值链的构成的统一性和差异性，判断是否存在价值链互补和优化的可能性；预测并购后的价值链组成将有哪些变化，包括内部、外部价值链的变化。

3.确定目标企业和目标企业估值

根据分析结果，确定目标企业。目标企业确定的标准是：双方价值链合并能形成互补和优化，增强企业的价值创造能力和竞争优势。从初步筛选的目标企业中，进行综合对比，选择最合适的目标企业。

收购方关注的目标企业的价值不仅包括传统的价值估值，更要关注价值链的价值。企业可以聘请专业的中介机构对目标企业内部价值进行评估，然后在此基础上，根据目标企业的价值链构成，对企业的内部价值进一步评估，主要评估目标企业价值链对优化本企业价值链的作用和价值。对目标企业估值也要估计可能产生的并购成本。

四、对目标企业进行尽职调查，确定并购预算，制定并购计划

1.对目标企业进行尽职调查

在确定目标企业并初步达成并购意向后，要对目标企业进行尽职调查。要对目标企业做出全面深入的尽职调查，包括：企业的背景与历史、所处行业，企业的生产、营销、财务、管理的方式和制度、研究与发展计划等各种相关的问题。因为企业并购的目的是实现价值链的优化，因此，在尽职调查时，应该重点关注目标企业的价值链构成，结合对目标企业的价值链分析，修正以前的分析结果。

2.确定并购预算和并购计划

并购预算时，要充分估计并购后可能带来的价值增值效果，也要充分考虑并购造成的价值链重复和冲突，协调价值链的成本。

并购计划要尽可能详细，有可执行性。根据企业的并购战略以及前面步骤中各种分析的结果，收购方企业应设计完善的并购计划，能够对并购活动进行指导。并购计划包括支付方式、定价、融资、税收等相应的会计和法律程序。当然，并购计划不是一成不变的，要根据以后的各个环节的活动不断地修正和完善。

第九章　研究结论与建议

第一节　研究的主要结论

本书以我国上市公司2001—2009年的数据为研究样本，采用实证研究方法研究了我国上市公司并购类型选择的影响因素以及不同并购类型对上市公司盈利能力和公司价值的影响。结合国内外的相关研究和我国的国情，本书把并购类型分为相关并购和无关并购（多元化并购）。

本书尝试回答如下问题：

1.哪些因素会影响企业选择不同的并购类型？

2.不同的并购类型对公司价值和盈利能力有没有影响？

为了回答这两个问题，本书主要做了以下研究。

首先，从四个角度研究了并购类型的影响因素。第一，从公司的财务特征以及公司在行业中的地位的角度研究并购类型的影响因素。第二，从管理层团队、董事长和总经理的背景特征角度研究并购类型的影响因素。第三，从公司治理结构的角度研究并购类型的影响因素。第四，从政府干预的角度研究并购类型的影响因素。

然后，研究了不同的并购类型对公司的绩效的影响，主要从ROE、ROA的增长率和托宾Q的变化角度进行研究。

本书的主要研究结论如下：

1.公司特征对并购类型的选择有显著影响。公司的盈利能力、发展能力、资产管理水平、现金流量水平、规模、在行业中的地位对并购类型的选择有显著影响。实证结果表明公司财务状况和经营情况越好,越容易进行相关并购;而公司的财务状况和经营情况越差,越容易进行多元化并购。

2.公司管理层的背景特征对并购类型有显著影响,在并购类型选择中,公司董事长的特征比总经理的特征更有影响力。管理层的年龄和管理层的规模对并购类型有显著影响,管理层的年龄越大,管理层的规模越大,公司越容易选择相关并购,反之,则容易选择无关多元化并购。对董事长和总经理的个人特征对并购类型的影响中发现,董事长的年龄越大,学历越高,越容易选择相关并购,反之,则容易选择多元化并购。总经理的个人特征对并购类型决策没有显著影响。这也表明了在我国上市公司中,董事长的决策权大于总经理,总经理没有完全发挥其职权。

3.公司治理结构对并购类型的选择有显著影响。研究结果表明,董事会的规模、股权集中度、国有控股对上市公司并购类型的选择有正面影响,董事会规模越大,股权集中度越高的国有控股公司越容易选择相关并购,而董事会规模小、股权集中度低的民营上市公司容易选择多元化并购。董事长与总经理二职合一对公司并购类型决策产生不利影响,董事长兼任总经理的公司容易选择多元化并购,由不同的人担任董事长和总经理的公司容易选择相关并购。独立董事比例、监事会规模、董事会下设委员会的设立、董事会会议、薪酬激励、高管持股等治理机制并没有发挥有效的作用。

4.政府干预对并购类型的选择有显著影响。并购双方属于同一地方政府管辖的上市公司,则容易选择相关并购;并购双方不属于同一地方政府管辖的上市公司,则容易选择无关并购。

5.不同的并购类型对公司的绩效影响不同,相关并购会增强公司的盈利能力,多元化并购会削弱公司的盈利能力,但是主要体现在并购当年的盈利能力变化上,对长期的盈利能力没有显著影响。

本书的研究结论证实了我国上市公司并购中存在两类动因,既有公司特征影响的内在发展动因,也有管理者追逐个人利益的动因,同时政府干预对并购决策有一定的影响。相关并购是公司发展的内在要求,无关多元化并购是管理者个人利益的需要。公司治理机制对管理者个人利益动因有一定的约束作用,但是还有许多治理机制形同虚设。政府干预在并购决策中有一定的积极作用,抑制了管理者寻求个人私利的并购动机。

在实证研究结论的基础上,本书运用价值链管理理论构建了并购类型决策的框架,对并购类型决策的具体步骤进行了分析。

第二节 政策建议

从以上的研究我们看出,公司特征、管理者的背景特征、公司治理结构、政府干预对并购类型的选择有显著影响,而且不同的并购类型有不同的并购绩效。公司内在的发展引起了相关并购,管理者的个人私利引起了多元化并购。相关并购更能带来企业盈利能力的增强,因此,我们应该引导企业进行创造价值的相关并购,避免其进行无关多元化并购。针对实证研究中发现的问题,本书提出几点政策建议:

1.对管理者自身而言,在进行并购决策时,要根据企业的发展战略和企业的价值链的构成,充分分析本企业的竞争地位和实力,通过对本公司、目标企业、行业的价值链的分析,选择适合本企业的并购战略和并购类型，进行科学的并购决策。纵向并购通过并购上下游企业，可以实现价值链的延伸和整合；横向并购通过并购竞争对手，可以实现价值链扩散，这样能够实现本公司价值链的优化，增强公司的核心竞争力。而无关多元化并购双方没有必然的联系，很难实现价值链的优势互补，不能增强公司的竞争优势。管理者要选择增强公司核心竞争力的并购类型。

2.对公司而言，应该建立良好的治理机制和决策程序，以对管理者的决策产生有效的监督和激励，使管理者在并购决策时能做出符合公司长远发展的决策，限制其为了个人私利而进行无关多元化并购。尤其是要对总经理和董事长两个职位分设，制约管理者的权力，加强监督和控制。尽管上市公司引进了西方的公司治理结构，但是独立董事制度、董事会下属专业委员会的设置、董事会会议等这些治理机制并没有发挥有效的作用。因此，上市公司不能仅是为了执行政策和规定而设立这些机构，而是要切实发挥这些治理机构的制约和监督作用，使其能对管理层的决策进行监督和指导，使管理层能做出符合公司利益的并购类型的选择决策。

3.在选聘管理者时要综合考虑管理者的教育背景和从业经历、管理层的结构对其决策能力产生的重要影响。设置管理者的激励合约时，要充分考虑激励合约对管理者的决策产生的影响，通过合理的激励减少代理冲突，协调管理者和公司的利益，使管理者做出更符合公司利益和股东利益的决策。

4.并购的类型选择仅仅是并购成功的第一步，要想实现预想的并购目标，更重要的是以后要进行有效的整合。本书建议可以借鉴价值链管理的相关理论，重视并购事前的价值链分析，选择合适的并购类型，在并购中进行价值链的优化和整合，并购后进行价值链的评价和价值链的持续优化,以使企业通过并购能实现价值链的优化,增强企业的核心竞争能力。

5.对各级政府和监管者而言,不仅要制定政策来完善公司治理结构,更要研究政策和制度安排的实施效果,对公司治理中出现的问题加以思考,制定针对性的措施,切实保障各种制度真正发挥作用。各级政府要发挥其在并购中的积极的干预作用,引导公司进行能创造价值、优化产业结构的并购。首先,在制定标准方面,对收购方的条件和目标企业的条件做出相关规定,对并购双方的业绩、所处行业等做出相关规定,尤其对无关多元化进行限制性规定。鼓励公司进行符合其发展战略的相关并购,减少无关的多元化并购,对于多元化并购,只有符合国家产业政策,从衰退行业转向成长性行业的才符合规定。其次,在审核上市公司并购申请时,也要严格考查双方的情况,看是否处于企业战略发展的需要,是否能为股东创造价值,多元化是否处于企业战略转型的需要。

第三节 研究局限

本书的研究还存在一些局限和不足,主要有以下几个:

1.内容问题。第一,本书从收购方公司的特征和政府干预的角度研究了并购类型的影响因素,但是目标企业的各种特征也是并购决策中的关键因素。由于目标企业往往不是上市公司,我们无法获取公开的数据,因此,没有对目标公司的特征对并购类型的选择的影响进行实证检验。第二,并购的整合会对并购绩效产生影响,由于缺乏相应的数据,没有办法进行实证检验。第三,并购的决策受到公司内外部各种因素的综合影响,但是由于数据的可得性等原因,仅对可以量化并能获取的相关因素进行了研究,我们无法对所有的影响并购决策的因素进行实证检验。

2.变量问题。在以往的研究和我国的实际情况的基础上我们选择了收购方公司和政府干预的变量,但是收购双方的相对地位也会影响并购类型的选择。因为目标企业的数据无法公开获取,因此,我们也没有设置收购方和目标企业相对比的相关变量。

在后续研究中,将以本书为基础,进行更进一步的研究,解决上述问题。

第四节 研究展望

对未来的研究方向,我们认为还有以下方面值得深入研究:

1.采用调查问卷和实地调研的方法,对已经实施并购和准备进行并购的上市公司高层管理者进行调查,深入分析影响其进行并购决策的关键因素。

2.将本书的研究进行扩展,研究并购的其他方面。按照时间顺序,可以将并购的相关研究分为并购动因研究、并购决策研究、并购整合研究和并购评价研究。本书仅结合并购的动因、决策、评价进行了实证检验。而并购整合是并购成功的关键环节,因此,可以扩展到不同并购类型的并购整合过程和效果的实证检验和研究。

3.结合价值链管理理论进行并购的实证研究。价值链的理论深入价值链层次分析企业的竞争能力,可以帮助我们分析并购是否带来企业核心能力的增强,但是由于指标的选取和数据的问题,对其进行实证研究有一定的困难,这也是我们努力的方向。

参 考 文 献

一、中文部分

陈小悦、徐晓东:《股权结构、企业绩效与投资者利益的保护》,《经济研究》2001 年第 11 期。

陈信元、张田余:《资产重组的市场反应—— 1997 年沪市资产重组实证分析》,《经济研究》1999 年第 9 期。

陈扬、张秋生:《并购战略与联盟战略适用边界的实证研究》,《北京交通大学学报(社会科学版)》2008 年第 7 期。

陈云麟、李奇峰:《横向并购的生产协同效应分析》,《经营与管理》2008 年第 7 期。

程小伟:《上市公司并购行为及其效应研究》,博士学位论文,同济大学,2006 年。

程小伟、吴家舵:《上市公司横向并购及其实证研究》,《上海经济研究》2007 年第 7 期。

戴德明、邓璠:《信息不对称与多元化折价关系研究——来自中国沪市上市公司的证据》,《财经研究》2008 年第 4 期。

邓维:《并购、代理成本控制与股东利益保护》,博士学位论文,中国人民大学,2004 年。

杜胜利、翟艳玲:《总经理年度报酬决定因素的实证分析——以我国上市公司为例》,《管理世界》2005 年第 8 期。

范从来、袁静:《成长性、成熟性和衰退性上市公司并购绩效的实证分析》,《中国工业经济》2002 年第 8 期。

方芳、闫晓彤:《中国上市公司并购绩效与思考》,《经济理论与经济管理》2002 年第 8 期。

方军雄:《政府干预、所有权性质与企业并购》,《管理世界》2008 年第

9 期。

方军雄:《市场分割与资源配置效率的损害——来自企业并购的证据》,《财经研究》2009 年第 9 期。

冯根福、吴林江:《我国上市公司并购绩效的实证研究》,《经济研究》2001 年第 1 期。

傅强、方文俊:《管理者过度自信与并购决策的实证研究》,《商业经济与管理》2009 年第 4 期。

高明华:《中国企业经营者行为内部制衡与经营绩效的相关性分析——以上市公司为例》,《南开管理评论》2001 年第 5 期。

干春晖:《企业并购:理论,实务,案例》,立信会计出版社 2002 年版。

葛俊龙:《中国股市全流通时代的企业并购》,博士学位论文,西南财经大学,2007 年。

韩硕:《管理层行为对企业并购效率的影响》,硕士学位论文,吉林大学,2008 年。

韩忠伟、陈华龙、杨朝军:《基于中国证券市场实证的多元化并购损益之迷研究》,《上海交通大学学报》2007 年第 12 期。

何韧、王维诚、王军:《管理者背景与企业绩效:基于中国经验的实证研究》,《财贸研究》2010 年第 1 期。

贺文哲:《中国上市公司纵向并购的动因及绩效研究》,硕士学位论文,华中科技大学,2006 年。

洪道麟、刘力、熊德华:《多元化并购、企业长期绩效损失及其选择动因》,《经济科学》2006 年第 5 期。

胡勤勤、沈艺峰:《独立外部董事能否提高上市公司的经营业绩》,《世界经济》2002 年第 7 期。

黄满池:《基于股权分置改革的上市公司并购问题研究》,博士学位论文,湖南大学,2008 年。

黄晓楠、瞿宝忠、丁平:《基于 EVA 的企业并购定价改进模型研究》,《会计研究》2007 年第 3 期

黄兴孪:《中国上市公司并购动因与绩效研究》,博士学位论文,厦门大学,2009 年。

黄中文、杜昱、陈易安:《企业并购:理论与实践》,社会科学文献出版

社 2008 年版。

姜付秀、刘志彪、陆正飞:《多元化经营、企业价值与收益波动研究》,《财经问题研究》2006 年第 11 期。

姜付秀、伊志宏、苏飞、黄磊:《管理者背景特征与企业过度投资行为》,《管理世界》2009 年第 1 期。

荆新、崔学刚:《上市公司控制权转移预测研究》,《经济科学》2005 年第 6 期。

赖步连、杨继东、周业安:《异质波动与并购绩效——基于中国上市公司的实证研究》,《金融研究》2006 年第 12 期。

雷辉、胡发基、郝艳艳、SIT 小组:《上市公司不同并购类型风险与绩效的实证研究》,《财经理论与实践》2007 年第 28 期。

雷辉、张一雄、赵海龙、吴婵:《公司治理机制对企业并购重组行为的影响》,《统计与决策》2009 年第 21 期。

李青原:《公司并购协同效应、影响成本与资产专用性》,博士学位论文,武汉大学,2005 年。

李青原:《公司并购悖论的研究回顾与评述》,《证券市场导报》2007 年第 1 期。

李善民、陈玉罡:《上市公司兼并与收购的财富效应》,《经济研究》2002 年第 11 期。

李善民、朱滔:《多元化并购能给股东创造价值吗?—兼论影响多元化并购长期绩效的因素》,《管理世界》2006 年第 3 期。

李善民、周小春:《公司特征、行业特征和并购战略类型的实证研究》,《管理世界》2007 年第 3 期。

李善民、毛雅娟、赵晶晶:《高管持股、高管的私有收益与公司的并购行为》,《管理科学》2009 年第 6 期。

李善民、赵晶晶、刘英:《行业机会、政治关联与多元化并购》,《中大管理研究》2009 年第 4 期。

李维安、张亚双:《如何构造适合国情的公司治理监督机制:论我国监事会的功能定位》,《财经科学》2002 年第 2 期。

李心丹、朱洪亮、张兵、罗浩:《基于 DEA 的上市公司并购效率研究》,《经济研究》2003 年第 10 期。

李增泉:《激励机制与企业绩效:一项基于上市公司的实证研究》,《会计研究》2000 年第 1 期。

李增泉、余谦、王晓坤:《掏空、支持与并购重组——来自我国上市公司的经验证据》,《经济研究》2005 年第 1 期。

李哲、何佳:《国有上市公司的上市模式、并购类型与绩效》,《世界经济》2007 年第 9 期。

林晓辉、吴世农:《股权结构、多元化与公司绩效关系的研究》,《证券市场导报》2008 年第 1 期。

林晓辉、吴世农:《中国上市公司多元化动因的理论与实证分析》,《证券市场导报》2008 年第 11 期。

刘斐、贺文哲:《我国上市公司纵向并购效率实证分析》,《开放导报》2006 年第 3 期。

刘锴:《并购交易特征、股权结构与市场绩效研究—基于后股权分置时代上市公司的经验数据》,博士学位论文,暨南大学,2009 年。

刘轻舟:《中国流通企业并购的影响因素研究:理论与实证》,博士学位论文,中国人民大学,2008 年。

刘笑萍、黄晓薇、郭红玉:《产业周期、并购类型与并购绩效的实证研究》,《金融研究》2009 年第 3 期。

刘旭光、李维安:《基于董事会多元化视角的女性董事与公司治理研究综述》,《外国经济与管理》2010 年第 4 期。

马海峰:《现金流视角下上市公司并购绩效评价及其影响机制研究》,博士学位论文,中国矿业大学,2009 年。

[美]迈克尔·E.S.弗兰克尔:《并购原理—收购、剥离和投资》,曹建海主译,东北财经大学出版社 2009 年版。

满慧:《我国企业并购的理论与实证研究—以制度经济学为视角》,博士学位论文,吉林大学,2007 年。

倪红蕾:《我国上市公司多元化并购动因与绩效的实证研究》,硕士学位论文,重庆大学,2009 年。

聂长雯:《并购的理论与实践研究》,博士学位论文,中国人民大学,2008 年。

牛建波、刘旭光:《董事会委员会有效性与治理溢价——基于中国上市公司的经验研究》,《证券市场导报》2008年第1期。

秦楠:《我国企业并购绩效分析及并购资源整合管理研究》,博士学位论文,天津大学,2007年。

邱甜:《外资并购中国上市公司的实证研究—外资并购的动因及其对被并购公司绩效的影响》,硕士学位论文,中国人民大学,2007年。

邱萱:《我国上市公司多元化并购选择动因研究》,硕士学位论文,西南财经大学,2008年。

上海证券交易所研究中心:《中国公司治理报告(2009):控制权市场与公司治理》,复旦大学出版社2009年版。

宋建波、沈皓:《管理者代理动机与扩张式并购绩效的实证研究——来自沪深A股市场的经验证据》,《财经问题研究》2007年第8期。

宋铁波、蓝海林:《横向兼并的价值创造与生产要素的整合》,《经济师》2002年第3期。

宋献中、周昌仕:《股权结构、大股东变更与收购公司竞争优势——来自中国上市公司的经验证据》,《财经科学》2007年第5期。

孙敬水、孙金秀:《我国上市公司监事会与公司绩效的实证检验》,《统计与决策》2005年第2期。

孙永祥、黄祖辉:《上市公司股权结构与绩效》,《经济研究》1999年第9期。

谭劲松:《独立董事制度:来自非正式制度的制约》,《广东财会》2003年第6期。

陶魄:《中国钢铁业并购发展趋势与对策研究》,博士学位论文,南京理工大学,2007年。

田明君:《横向并购的产业组织理论与反垄断政策》,《财经问题研究》2006年第6期 。

屠澄:《基于EVA体系的我国上市公司并购绩效研究》,硕士学位论文,南京师范大学,2008年。

万朝龄:《中国并购事项研究》,国信证券研究报告,2002年。

汪亮:《中国企业实施逆向并购问题研究》,硕士学位论文,中国人民大学,2007年。

汪忠平:《协同效益对股东财富与经营绩效之影响—以台湾地区购并

企业为例》,博士学位论文,暨南大学,2007 年。

王丹:《产业融合背景下的企业并购研究》,博士学位论文,上海社会科学院,2008 年。

王长健:《中国上市公司并购绩效研究》,硕士学位论文,中国人民大学,2006 年。

王诚志:《中国企业跨国并购:绩效与风险研究》,博士学位论文,暨南大学,2008 年。

王海:《中国企业海外并购经济后果研究—基于联想并购 IBMPC 业务的案例分析》,《管理世界》2007 年第 2 期。

王俊:《并购动机对主并公司净资产收益率的影响》,硕士学位论文,中国人民大学,2008 年。

王立彦、王婧:《内部监控双轨制与公司财务信息质量保障》,《会计研究》2002 年第 12 期。

王巍:《中国并购报告(2008)》,人民邮电出版社 2008 年版。

王晓坤:《中国上市公司并购动因和长期绩效的实证研究》,博士学位论文,中国人民大学,2005 年。

王义加:《横向并购的规模效应及其绩效研究—以我国上市公司为例》,硕士学位论文,浙江工业大学,2004 年。

王跃堂、朱林、陈世敏:《董事会独立性、股权制衡与财务信息质量》,《会计研究》2008 年第 1 期

王跃兴:《产业内企业并购研究》,博士学位论文,中国人民大学,2005 年。

[美]J.威雷德·威斯通等:《兼并、重组与公司控制》,唐旭等译,经济科学出版社 1998 年版。

巫景飞、何大军、林玮、王云:《高层管理者政治网络与企业多元化战略:社会资本视角——基于我国上市公司面板数据的实证分析》,《管理世界》2008 年第 8 期。

吴超鹏、吴世农、郑方镳:《管理者行为与连续并购绩效的理论与实证研究》,《管理世界》2008 年第 7 期。

吴玉督:《企业并购中的信息不对称风险:根源、影响及控制》,博士学位论文,中国人民大学,2007 年。

吴育平:《资产重组绩效》,《资本市场》2002 年第 7 期。

武玲玲:《我国上市公司并购类型的倾向性研究—基于产业生命周期理论的分析》,硕士学位论文,中国人民大学,2007 年。

夏冬林、过欣欣:《我国上市公司董事会效能状况研究》,《当代财经》2001 年第 7 期。

萧维嘉、王正位、段芸:《大股东存在下的独立董事对公司业绩的影响——基于内生视角的审视》,《南开管理评论》2009 年第 2 期。

谢惠贞、顾江:《产业性质、公司战略与并购类型的选择》,《现代管理科学》2004 年第 12 期 。

谢亚涛:《企业并购的绩效分析》,《会计研究》2003 年第 12 期。

徐经长、王胜海:《核心高管特征与公司成长性关系研究》,《经济理论与经济管理》2010 年第 6 期。

薛祖云、黄彤:《董事会、监事会制度特征与会计信息质量——来自中国资本市场的经验分析》,《财经理论与实践》2004 年第 7 期。

杨清香、俞麟、陈娜:《董事会特征与财务舞弊——来自中国上市公司的经验证据》,《会计研究》2009 年第 9 期。

姚益龙、赵慧、王亮:《企业生命周期与并购类型关系的实证研究—基于中国上市公司的经验研究》,《中大管理研究》2009 年第 4 期。

叶康涛、陆正飞、张志华:《独立董事能否抑制大股东的“掏空”?》,《经济研究》2007 年第 4 期。

于富生、张敏等:《价值链会计研究——基于时空维度的会计管理框架重构》,中国人民大学出版社 2008 年版。

于富生、张敏,姜付秀、任梦洁:《公司治理影响公司财务风险吗?》,《会计研究》2008 年第 10 期。

余力、刘英:《中国上市公司并购绩效的实证分析》,《当代经济科学》2004 年第 26 期。

于铁铭、高愈湘、张金鑫:《行业生命周期与并购类型——中国公司控制权市场效率的检验》,《北京交通大学学报(社会科学版)》2004 年第 3 期。

于东智:《董事会、公司治理与绩效——对中国上市公司的经验分析》,《中国社会科学》2003 年第 3 期。

曾亚敏、张俊生:《中国上市公司股权收购动因研究:构建内部资本市场抑或滥用自由现金流》,《世界经济》2005年第2期。

曾颖:《成熟期企业并购战略初探》,《会计研究》1999年第9期。

曾颖、叶康涛:《股权结构代理成本与外部审计》,《会计研究》2005年第10期。

张敏:《管理者过度自信与企业投资研究》,博士学位论文,中国人民大学,2008年。

张波:《产业周期、并购类型与并购绩效的实证研究》,硕士学位论文,对外经济贸易大学,2006年。

张海珊、张秋生:《构建企业并购决策支持系统—实现并购活动的知识化管理》,《北京交通大学学报(社会科学版)》2005年第4期。

张红梅:《并购理论综述》,《宁夏大学学报(人文社会科学版)》2006年第5期。

张景伟、耿建新:《我国海外并购中国企与民企的比较》,《会计之友(下旬刊)》2010年第4期。

张俊瑞、赵进文、张建:《高级管理层激励与上市公司经营绩效相关性的实证分析》,《会计研究》2003年第9期。

张秋生、周琳:《企业并购协同效应的研究与发展》,《会计研究》2003年第6期。

张伟:《纵向并购对于下游企业绩效影响的实证研究》,硕士学位论文,上海交通大学,2007年。

张新:《并购重组是否创造价值》,《经济研究》2003年第6期。

张悦:《上市公司并购动机、股权结构和并购绩效的实证研究》,硕士学位论文,中国人民大学,2007年。

周昌仕:《政府控制下的公司并购模式及绩效研究—基于中国上市公司的经验数据》,博士学位论文,暨南大学,2008年。

周长发:《企业并购支付方式的影响因素研究》,硕士学位论文,中国人民大学,2006年。

周大伟:《新经济条件下的企业并购行为研究》,硕士学位论文,中国人民大学,2004年。

周林:《上市公司纵向并购行为及其实证研究》,《上海经济研究》2007

年第12期。

周普:《基于交易费用理论的企业纵向并购研究》,《财会月刊(综合)》2007年第2期。

周启发:《汽车企业并购及其整合策略研究》,博士学位论文,华中科技大学,2007年。

周守华等:《激励强度、公司治理与企业业绩研究综述》,《会计研究》2008年第10期。

周小春、李善民:《并购价值创造的影响因素研究》,《管理世界》2008年第5期。

朱宝宪、王怡凯:《1998年中国上市公司并购实践的效应分析》,《经济研究》2002年第11期。

朱红军、汪辉:《并购的长期财富效应——经验分析结果与协同效应解释》,《财经研究》2005年第9期。

朱滔:《上市公司并购的短期和长期股价表现》,《当代经济科学》2006年第3期。

祝剑秋:《并购高新企业过程中的制度创新研究》,博士学位论文,中国人民大学,2007年。

二、外文部分

Aggarwal R., Andrew A., "Why Do Managers Diversify Their Firms? Agency Reconsidered", *The Journal of Finance*, Vol .58(Jan. 2003).

Agrawal, A., Jaffe, J. F., and Mandelker, G. N., "The Post-Merger Performance of Acquiring Firms: A Re-Examination of an Anomaly", *The Journal of Finance*, Vol. 407(Apr. 1992).

Aigbe, Akhigbe, Madura, J., and Spencer, C., "Partial Acquisitions, Corporate Control, and Performance.", *Applied Financial Economics*, Vol. 14, 2004.

Akdogu, E., *Essays in Corporate Finance*, A Ph.d Dissertation, Washington University, 2003.

Akintoye, I. R., and Somoye, R. O. C., "Corporate Governance and Merger Activity in the Nigeria Banking Industry: Some Clarifying Comments.",

Banking and Finance Letters, Vol. 1(Jan. 2009).

Allred, B. B., Snow, C. C., Miles., R. E., Characteristics of Managerial Careers in the 21st Century, *The Academy of Management Executive*, Vol.10 (April 2005).

Amihud, Y., Lev, B., "Risk Reduction as a Managerial Motive for Conglomerate Mergers", *Bell Journal of Economics*, Vol. 12, 1981.

Andrade, G., Mitchell, M., Stafford, E., "New Evidence and Perspectives on Mergers", *The Journal of Economic Perspectives*, Vol.15(Feb.2001).

Bhattacharyya, S., Nain, A., "Horizontal Acquisitions and Buying Power: A Product Market Analysis", *Journal of Financial Economics*, Vol. 99, 2011.

Bhuyan, S., "Impact of Vertical Mergers on Industry Profitability: An Empirical Evaluation", *Review of Industrial Organization*, Vol.20, 2002.

Bicksler, J.L., "Comment: The Effects of Conglomerate Merger Activity on Systematic Risk", *Journal of Financial and Quantitative Analysis*, Vol.9, 1974.

Bishop, B., "Investment and Corporate Governance in East Asia", *Economic Review*, 2002.

Bliss, R. T., Rosen, R. J., "CEO Compensation and Bank Mergers", *Journal of Financial Economics*, Vol. 61, 2001.

Boeker, W., "Strategic Change: The Influence of Managerial Characteristics and Organizational Growth", *The Academy of Management Journal*, Vol. 40 (Jan. 1997).

Bogana, V., Just, D., "What Drives Merger Decision Making Behavior? Don't Seek, Don't Find, and Don't Change Your Mind", *Journal of Economic Behavior& Organization*, Vol.72, 2009.

Brown, K. C., Dittmar, A., Servaes, H., "Corporate Governance, Incentives, and Industry Consolidations", *The Review of Financial Studies*, Vol.18 (Jan. 2005).

Capron, L., "The Long-Term Performance of Horizontal Acquisitions", *Strategic Management Journal*, Vol.20, 1999.

Carline, N. F., Linn, S. C., Yadav, P. K., "Operating Performance Changes Associated With Corporate Mergers and Role of Corporate Governance",

Journal of Banking & Finance, Vol.33(Oct.2009).

Carpenter, M. A., Sanders, W. G., "Top Management Team Compensation: The Missing Link between CEO Pay and Firm Performance", *Strategic Management Journal*, Vol.23(April 2002).

Carpenter, M. A., "The Implications of Strategy and Social Context for the Relationship between Top Management Team Heterogeneity and Firm Performance", *Strategic Management Journal*, Vol.23(March 2002).

Chen, S. J., Dempere, J. M., "Do Corporate Governance Characteristics After M&A Decisions For Banks?" *Journal of Global Business and Technology*, Vol. 5(Jan.2009).

Clougherty, J. A., Duso, T., "The Impact of Horizontal Mergers on Rivals: Gains to Being Left outside a Merger", *Journal of Management Studies*, Vol. 46(Dec.2009).

Corch'On, L. C., R. F. O., " To Merge or Not To Merge: That Is The Question", *Rev. Econ. Design*, Sep. 2004.

Daboub, A. J. Et Al., "Top Management Team Characteristics and Corporate Illegal Activity", *The Academy of Management Review*, Vol.20(Jan.1995).

Dalton, F. E., Miner, J. B., "The Role of Accounting Training in Top Management Decision Making", *The Accounting Review*, Vol.45(Jan.1970).

Doukas, J. A., Kan, O. B., "Investment Decisions and Internal Capital Markets: Evidence from Acquisitions" "Merger Types and Shareholder Returns: Additional Evidence", *Financial Management*, 1980.

Ellis, K. M., Reus, T. H., Lamont, B. T., "The Effects of Procedural and Informational Justice in the Integration of Related Acquisitions", *Strategic Management Journal*, Vol. 30, 2009.

Etschmaier, G. S., "Mergers and Acquisitions as Instruments of Strategic Change Management in Higher Eduvation: Assessment Measures and Perceptions of Success", A Dissertation for The Degree of Doctor of Education, The University of Pennsylvania , 2010.

Fan, J. P. H., V. K. Goyal, "on the Patterns and Wealth Effects of Vertical Mergers", *Journal of Business*, Vol.79(Feb.2006).

Finkelstein, S., "Power in Top Management Teams: Dimensions, Measurement, and Validation", *The Academy of Management Journal*, Vol. 35 (Mar. 1992).

Flanagan, D. J. , Announcements of Purely Related and Purely Unrelated Mergers and Shareholder Returns: Reconciling the Relatedness Paradox, Western Michigan University, 2003.

Friedlaender, A. F., Et Al., "Governance Structure, Managerial Characteristics, and Firm Performance in the Deregulated Rail Industry", *Microeconomics*, 1992.

Gahlon, J. M., Stover, R. D., "Diversification, Financial Leverage and Conglomerate Systematic Risk", *Journal of Financial and Quantitative Analysis*, Vol.14 (May 1979).

Giroud, X., Mueller, H. M., "Does Corporate Governance Matter In Competitive Industries?", Working Paper, 2008.

Gregg A., Jarrell, James A. Brickley, Jeffry M. Netter, "The Market for Corporate Control: The Empirical Evidence since 1980", *The Journal of Economic Perspectives*, Vol. 2 (Jan. 1988).

Gregor Andrade, Mark Mitchell, Erik Stafford, "New Evidence and Perspectives on Mergers", *The Journal of Economic Perspectives*, Vol. 15 (Feb. 2001).

Gorton, G., Kahl, M., Rosen, R. J., "Eat or Be Eaten: A Theory of Mergers and Firm Size", *The Journal of Finance*, Vol. 64 (Mar.2009).

Glenn, J. R. , "The Determinants of Premium to Book Value Paid in Mergers and Acquisitions in The Banking Industry: An Empiricle Investigation", Nova Southeastern University, 2006.

Gugler, K., "Corporate Governance and Investment", *International Journal of The Economics of Business*, Vol.10 (Mar.2003).

Hackbarth, D., Morellec, E., "Stock Returns in Mergers and Acquisitions", *The Journal of Finance*, Vol.63 (Mar.2008).

Hadlock, C.J., Lumer, G.B., "Compensation, Turnover, and Top Management Incentives: Historical Evidence", *The Journal of Business*, Vol. 70 (Feb.

1997).

Haleblian, J, Et Al. , "Taking Stock of What We Know about Mergers and Acquisitions: A Review and Research Agenda", *Journal of Management*, Vol. 35, 2009.

Hambrick, D. C., "Strategic Awareness within Top Management Teams", *Strategic Management Journal*, Vol.2(Mar.1981).

Hambrick, D.C., Mason, P.A., "Upper Echelons: The Organization as a Reflection of Its Top Managers", *Academy of Management Review*, Vol. 9(Feb. 1984).

Hartzell, J. C., Sun, L., Titman, S., "The Effect of Corporate Governance on Investment: Evidence from Real Estate Investment Trusts", *Real Estate Economics*, Vol.34(Mar.2006).

Hasan, T., Kadapakkam, P. R., Kumar, P. C., "Firm Investments and Corporate Governance in Asian Emerging Markets", *Multinational Finance Journal*, Vol.12(Jan.2008).

Haw, I. M., Pastena, V. S., Lilien, S. B., "Market Manifestation of Nonpublic Information Prior to Mergers: The Effect of Ownership Structure", *The Accounting Review*, Vol.65(Feb.1990).

Henry, D., "Directors' Recommendations in Takeovers: An Agency and Governance Analysis", *Journal of Business Finance & Accounting*, Vol.32(Dec. 2005).

Hong, H., Kaplan, R. S., Mandelker, G., "Pooling Vs. Purchase: The Effects of Accounting for Mergers on Stock Prices", *The Accounting Review*, Vol. 53(Jan.1978).

Jarrell, G. A., Brickley, J. A., Netter, J.M., "The Market For Corporate Control: The Empirical Evidence Since 1980", *The Journal of Economic Perspectives*, Vol.2(Jan.1988).

Jensen, M. C., Meckling, W. H., "Theory of the Firm: Managerial Behavior, Agency Costs and Ownership Structure", *Journal of Financial Economics*, Vol.3, 1976.

Jensen, M. C. Winter, "Takeovers: Their Causes and Consequences", *The*

Journal of Economic Perspectives, Vol.2(Jan.1988).

Kang,S. H.,Kumar,P.,Lee,H.,"Agency and Corporate Investment: The Role of Executive Compensation and Corporate Governance",*Journal of Business*,Vol.3,1979.

Karitzki,O., Brink,A.,"How Can We Act Morally In A Merger Process? A Stimulation Based on Implicit Contracts",*Journal of Business Ethics*, Vol.43 (Jan./Feb.2003).

Kilduff, M.R.,Angelmar,A. Mehra,"Top Management-Team Diversity and Firm Performance: Examining the Role of Cognitions", *Organization Science*, Vol.11(Jan.2000).

Kim,D. H., "Making or Breaking A Deal: The Impact of Electoral Systems on Mergers & Acquisitions." *Kyklos*,Vol. 63,No.3,2010.

Knight,D. Et Al.,"Top Management Team Diversity, Group Process, and Strategic Consensus",*Strategic Management Journal*,Vol.20(May1999).

Kor,Y. Y.,"Experience-Based Top Management Team Competence and Sustained Growth",*Organization Science*,Vol.14(June 2003).

Krishnan,H. A., Miller,A.,Judge,W. Q.,"Diversification and Top Management Team Complementarity: Is Performance Improved by Merging Similar or Dissimilar Teams?",*Strategic Management Journal*,Vol.18(May 1997).

Krug,J. A., Hegarty,W. H.,"Post-Acquisition Turnover among U.S. Top Management Teams: An Analysis of the Effects of Foreign Vs. Domestic Acquisitions of U.S. Targets",*Strategic Management Journal*,Vol.18(Aug.1997).

Krug, J. A., Hegarty,W. H.,"Predicting Who Stays and Leaves after An Acquisition: A Study of Top Managers in Multinational Firms.",*Strategic Management Journal*,Vol.22(Feb.2001).

Kwoka,J.,Pollitt.,M.,"Does Mergers Improve Efficiency? Evidence from Restructuring the US Electric Power Sector",*International Journal of Industrial Organization*,Vol.28,2010.

Lang,L.H. P., Stulz,R. M., Walkling,R. A.,"Managerial Performance, Tobin's Q, and the Gains from Successful Tender Offers",*Journal of Financial Economics*, Vol.24,1989.

Leland, H. E., "Financial Synergies and the Optimal Scope of the Firm: Implications For Mergers, Spinoffs, and Structured Finance", *The Journal of Finance*, Vol.62 (Feb.2007).

Lev, B., Mandelker, G., "The Microeconomic Consequences of Corporate Mergers", *The Journal Of Business*, Vol.45 (Jan.1972).

Lewellen, W. G., "A Pure Financial Rationale for the Conglomerate Merger", *The Journal Of Finance*, Vol.26, 1971.

Lin, C.Y., Lee, H.T., "The Bigger the Better? Merger and Acquisition Performance of Financial Holding Corporations Empirical Evidence from Taiwan", *Emerging Markets Finance & Trade*, 2010.

Liu, Y., Li.J., "Modeling and Analysis of Split and Merge Production Systems with Bernoulli Reliability Machines", *International Journal of Production Research*, Vol.47 (Jan.2009).

Lubatkin, M., "Mergers and The Performance of The Acquiring Firm", *Academy of Management Review*, Vol.8 (Feb.1983).

Lubatkin, M. Et Al., "Ecological Investigation of Firm Effects in Horizontal Mergers", *Strategic Management Journal*, Vol.22, 2001.

Macdonald, J. A., "Value Creation in Pharmaceutical Mergers", A Ph.D. Dissertation, Capella University, 2010.

Mandelker, G., "Risk and Return: The Case of Merging Firms", *Journal of Financial Economics*, Vol.4 (Jan.1974).

Mantravadi, P., Reddy, A. V., "Type of Merger and Impact on Operating Performance: The Indian Experience", *Economic & Political Weekly*, Vol. 9, 2008.

Mason A. Carpenter, "The Implications of Strategy and Social Context for the Relationship between Top Management Team Heterogeneity and Firm Performance", *Strategic Management Journal*, Vol.23 (Mar.2002).

Masulis, R. W., Wang, C., Xie, F., "Corporate Governance and Acquirer Returns", *The Journal of Finance*, Vol.62 (April 2007).

Matsushima, N., "Vertical Mergers and Product Differentiation", *The Journal of Industrial Economic*, Vol.57 (April 2009).

Meglio, O., Risberg, A., "Mergers and Acquisitions-Time for A Methodological Rejuvenation of the Field", *Scandinavian Journal of Management*, Vol. 26, 2010.

Melicher R. W., Hempel, G. H., "Differences in Financial Characteristics between Conglomerate Mergers and Horizontal or Vertical Mergers", *Nebraska Journal of Economics & Business*, Vol.4 (Oct.1971).

Michael C. Jensen, "Takeovers: Their Causes and Consequences", *The Journal of Economic Perspectives*, Vol. 2 (Jan. 1988).

Milliou, C., E. Petrakis, "Upstream Horizontal Mergers, Vertical Contracts, and Bargaining", *International Journal of Industrial Organization*, Vol. 25, 2007.

Mizuno, T., "Divisionalization and Horizontal Mergers in a Vertical Relationship", *The Manchester School*, Vol.77 (Mar.2009).

Modigliani, F., Pogue, G. A., "An Introduction to Risk and Return: Concepts and Evidence", *Financial Analysts Journal*, Vol.5, 1974.

Mueller, D. C., "The Effects of Conglomerate Mergers", *Journal of Banking and Finance*, Vol.1, 1977.

Mueller, D. C., "The Effects of Conglomerate Mergers", *Management Research News*, Vol.1 (Mar.1978).

Mueller, D. C., Yurtoglu, B. B., "Corporate Governance and the Returns to Acquiring Firms' Shareholders: An International Comparison", *Managerial and Economics Manage*, Vol.28, 2007.

Murray, A. I., "Top Management Group Heterogeneity and Firm Performance", *Strategic Management Journal*, Vol.10, 1989.

Murshed, F., "Resource Configuration and Value Creation Following Mergers and Acquisitions", A Ph.D Dissertation, University Of Pittsburgh, 2005.

Nielsen, J. F., Melicher, R. W., "A Financial Analysis of Acquisition and Merger Premiums", *Journal of Financial and Quantitative Analysis*, 1973.

Nogata, D., Uchida, K., Goto. N., "Is Corporate Governance Important for Regulated Firms' Shareholders? Evidence from Japanese Mergers and Acquisitions", *Journal of Economics And Business*, Vol.63, 2011.

Norburn, D., Birley, S., "The Top Management Team and Corporate Performance", *Strategic Management Journal*, Vol.9(Mar.1988.).

North, D. S., "The Role of Managerial Incentives in Corporate Acquisitions: The 1990s Evidence", *Journal of Corporate Finance*, Vol.7, 2001.

Paine, F. T., Power, D. J., "Merger Strategy: An Examination of Drucker's Five Rules for Successful Acquisitions", *Strategic Management Journal*, Vol.5(Feb.1984).

Papadakis, V. M., Lioukas, S., Chambers, D., "Strategic Decision- Making Processes: The Role of Management and Context", *Strategic Management Journal*, Vol.19(Feb.1998).

Park, C., "Prior Performance Characteristics of Related and Unrelated Acquisitions", *Strategic Management Journal*, Vol.24, 2003.

Park, K., Jang, S.C., "Mergers and Acquisitions and Firm Growth: Investigating Restaurant Firms", *International Journal of Hospitality Management*, Vol. 30, 2011.

Pegels, C. C., Song, Y. I., Yang, B., "Management Heterogeneity, Competitive Interaction Groups, and Firm Performance", *Strategic Management Journal*, Vol. 21(Sep.2000).

Petmezas, Dimitris, "What Drives Acquisitions? Market Valuations and Bidder Performance", *Journal of Multinational Financial Management*, Vol.19, 2009. Pitcher, P., Smith, A. D., "Top Management Team Heterogeneity: Personality, Power, and Proxies", *Organization Science*, Vol.12(Jan.2001).

Ravichandran, T. Et Al., "Diversification and Firm Performance: Exploring the Moderating Effects of Information Technology Spending", *Journal of Management Information Systems*, Vol.25(April 2009).

Rhodes-Kropf, M., Robinson, D. T., "The Market for Mergers and the Boundaries of the Firm.", *The Journal of Finance*, Vol.63(Mar.2008).

Roll, Richard, "The Hubris Hypothesis of Corporate Takeovers", *The Journal of Business*, Vol.59(Feb.1986).

Rowney, J. I. A., Cahoon, A. R., "Individual and Organizational Characteristics of Women in Managerial Leadership", *Journal of Business Ethics*, Vol.9

(April/May1990).

Salinger, M. A., "Vertical Mergers and Market Foreclosure", *Quarterly Journal of Economics*, 1988.

Santos, Marcelo B. D., Errunza, V. R., Miller.D. P., "Does Corporate International Diversification Destroy Value? Evidence from Cross-Border Mergers and Acquisitions", *Journal of Banking & Finance*, Vol.32, 2008.

Savor, P. G., Lu, Q., "Do Stock Mergers Create Value For Acquirers?", *The Journal of Finance*, Vol.64(Mar.2009).

Shim, J., Okamuro, H., "Does Ownership Matter In Mergers? A Comparative Study of the Causes and Consequences of Mergers by Family and Non-Family Firms", *Journal of Banking & Finance*, Vol.35, 2011.

Shimizu, K. Et Al., "Theoretical Foundations of Cross-Border Mergers and Acquisitions: A Review of Current Research and Recommendations for the Future", *Journal of International Management*, Vol.10, 2004.

Smith, K. V. A, "Financial Analysis of Acquisition and Merger Premiums", *The Journal of Financial and Quantitative Analysis*, Vol.8(Feb.1973).

Suto, M. , "Capital Structure and Investment Behavior of Malaysian Firms in The 1990s: A Study of Corporate Governance Before The Crisis", *Blackwell Publishing Ltd*, Vol.11(Jan. 2003).

Swanstrom, M. , "Corporate Governance and the Abnormal Returns to Acquisition Announcements", *Journal of Business Strategies*, Vol.23(Feb.2006).

Sylvia M. Chan-Olmsted, "Mergers, Acquisitions, and Convergence: The Strategic Alliances of Broadcasting, Cable Television, and Telephone Services", *Journal of Media Economics*, Vol.11(Mar.1998).

Teresa, J. A. , "Mergers and Investment Incentives", *The Journal of Financial and Quantitative Analysis*, Vol.21(April 1986).

Teresa, A. J., Kose, J., "Top-Management Compensation and Capital Structure", *The Journal of Finance*, Vol.48(Mar.1993)

Toledo, M. , "The Risk and Financial Performance of Banks Post Mergers and Acquisitions", A Dissertation for Doctor of Business Administration, Boston University, 2004.

Town, R. J., "Merger Waves and the Structure of Merger and Acquisition Time-Series", *Journal of Applied Econometrics*, Vol.7, 1992.

Waldman, D. A., Javidan, M., Varella, P., "Charismatic Leadership at the Strategic Level: A New Application of Upper Echelons Theory", *The Leadership Quarterly*, Vol.15, 2004.

Walsh, J. P., "Top Management Turnover Following Mergers and Acquisitions", *Strategic Management Journal*, Vol.9 (Feb.1988).

Wang, C., Xie, F., "Corporate Governance Transfer and Synergistic Gains from Mergers and Acquisitions", *The Review of Financial Studies*, Vol.22 (Feb. 2009).

Wansley, J. W., Lane, W. R., Yang, H. C., "Abnormal Returns to Acquired Firms by Type of Acquisition and Method of Payment", *Finacial Management*, 1983.

Weaver, S. C. Et Al., "Merger and Acquisition Valuation", *Financial Management*, Vol.20 (Feb.1991).

West, C.T., Jr., Schwenk, C.R., "Top Management Team Strategic Consensus, Demographic Homogeneity and Firm Performance: A Report of Resounding Nonfindings", *Strategic Management Journal*, Vol.17 (July 1996).

Weston, F. J., Mitchel, M. L., Mulherin, J. H., "Takeovers, Restructuring and Corporate Governance", *Prentice Hall*, 2004.

责任编辑:赵圣涛
装帧设计:肖　辉
责任校对:吴晓娟

图书在版编目(CIP)数据

中国上市公司并购类型的影响因素研究/邸丛枝 著.
-北京:人民出版社,2013.10
ISBN 978-7-01-012166-6

Ⅰ.①中… Ⅱ.①邸… Ⅲ.①上市公司-企业合并-影响因素-研究-中国 Ⅳ.①F279.246

中国版本图书馆 CIP 数据核字(2013)第 111141 号

中国上市公司并购类型的影响因素研究
ZHONGGUO SHANGSHI GONGSI BINGGOU LEIXING DE
YINGXIANG YINSU YANJIU

邸丛枝　著

人民出版社 出版发行
(100706　北京市东城区隆福寺街 99 号)

北京集惠印刷有限责任公司印刷　新华书店经销

2013 年 10 月第 1 版　2013 年 10 月北京第 1 次印刷
开本:880 毫米×1230 毫米 1/32　印张:8.125
字数:270 千字　印数:0,001-1,500 册

ISBN 978-7-01-012166-6　定价:28.00 元

邮购地址 100706　北京市东城区隆福寺街 99 号
人民东方图书销售中心　电话 (010)65250042　65289539